歴史から、作り方、選び方、履き方、踊り方、鍛え方まで「ポワント」を徹底分析！

トウシューズの すべて

編集・著 **富永明子**

誠文堂新光社

はじめに

Introduction

初めてトウシューズを目にしたのは幼稚園生のころです。
お友だちが出演したバレエの発表会で観た、輝くティアラにチュチュを身につけ
トウシューズで軽やかに踊るプリンセスの姿は、私の心を一瞬で奪いました。

5歳でバレエを始めましたが、なかなか憧れのトウシューズを履くお許しは出ず、
クラスで先生が「トウの準備を」とおっしゃると、シューズバッグから
ピンク色のトウシューズを取り出す仲間たちを羨ましく思ったものです。

ようやく履き始めても、観ると履くとは大違い！
一体どうしたらこの硬い靴で、舞台で目にするダンサーたちのように軽やかに、
そして優雅に踊ることができるのか、私にはさっぱりわかりませんでした。
プロダンサーは実は別のシューズを履いているのではないかと疑っていた時期もあります（笑）。

それでも、私はトウシューズで踊ることが大好きでした。
こんなに硬くて痛くて難しいシューズなのに、どうしても嫌いになれず
「いつかもっと自由に踊れる日が来るはず」と淡い期待を抱いていました。

それは数十年が経過した今も変わりません。
自分で踊っているときも、舞台上のダンサーを観ているときも、
胸の中にはいつもトウシューズへの憧れが生き続けています。

なぜ私たちはこんなにもトウシューズでの踊りに心惹かれるのでしょうか。
サテン地に包まれたシューズの輝きが美しいから？
繊細なつま先から伝わる表現に心動かされるから？
ソールがしなり、甲の出た足のラインが魅力的だから？
小さなプラットフォームの上でバランスを保つ姿が見事だから？
ポワントで踊るダンサーが重力を感じさせないほど軽やかだから？

トウシューズに心惹かれてやまない理由のすべてを知りたくて
ダンサー、指導者、開発者、職人、シューフィッター、施術者など、
たくさんの専門家のもとを訪ね歩き、お話を聞いた内容を本書にまとめました。
作り方、選び方、踊り方、鍛え方など、さまざまな角度からトウシューズの魅力を探る一冊です。

本書を通して、トウシューズという観点からバレエの魅力を再発見いただければ幸いです。

富永明子

Contents

はじめに　2

Dancers *on* Pointe! 6

小野絢子さん・渡辺恭子さん・織山万梨子さん

トウシューズの基本構造　18

本書の楽しみ方（観る人編／踊る人編）　20

Part 1　トウシューズの**歴史**　21

Part 2　トウシューズの**作り方**　31

　　　株式会社シルビア　32
　　　チャコット株式会社　39

Part 3　トウシューズの**選び方**　47

Part 4　トウシューズの**見つけ方**　55

Part 5　トウシューズの**鍛え方**　91

Part 6　トウシューズでの**踊り方**　103

小野絢子さん（新国立劇場バレエ団）　104

渡辺恭子さん（スターダンサーズ・バレエ団）　108

織山万梨子さん（牧阿佐美バレヱ団）　112

※本書に掲載されている情報は、2021年9月現在のものです

Part 7　トウシューズの加工の仕方　119

Part 8　トウシューズの怪我の防ぎ方　125

Part 9　トウシューズでの魅せ方　133

　　　　小山恵美さん（スターダンサーズ・バレエ団）　134

　　　　湯川麻美子さん（新国立劇場バレエ団）　138

Part 10　トウシューズの進化　145

〈おまけ〉トウシューズ語辞典　154

おわりに　159

Special Interview

　　　　牧阿佐美さんに聞く、トウシューズの思い出　28

　　　　吉田　都さんに聞く、トウシューズの思い出　150

Column

　使いやすくて便利なトウシューズアイテム　46
　僕がトウシューズでトレーニングする理由
　　　　──堀内將平さん（Kバレエ カンパニー）　116
　海外バレエ団のトウシューズ事情
　　　　──西村奈恵さん（ノルウェー国立バレエ団）　142

Dancers
on
Pointe!

踊る人が変われば、トウシューズで魅せる表現も変わります。

3名のダンサーによる個性的、かつ美しいポワントワーク、

そして、シューズ内の細やかな指先や足裏の使い方を見てみましょう。

Ayako Ono

小野絢子
新国立劇場バレエ団

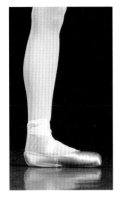
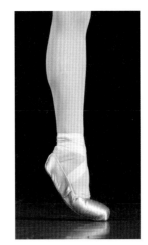
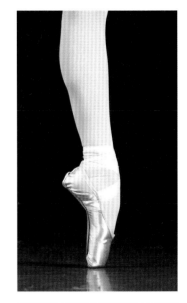
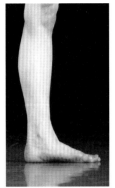
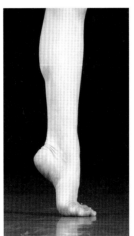
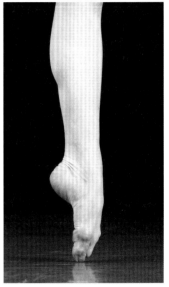

本番直前まで、どのトウシューズなら一番安心して踊ることができるか、

迷うことがあります。

そのため、トウシューズは時として私を悩ませる存在なのですが、

最終的にはもっとも頼りにしている

パートナーだとも感じています。

Ayako Ono

あなたにとってのトウシューズとは?

Kyoko Watanabe

渡辺恭子

スターダンサーズ・バレエ団

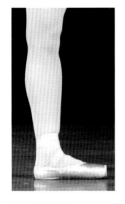

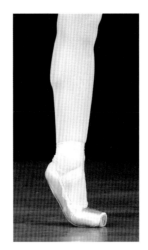
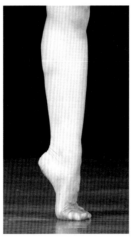
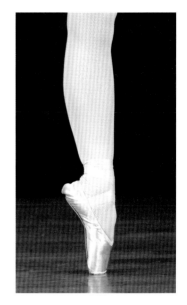
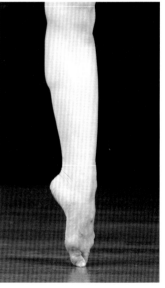

私はバレエを始めたときからずっと

「トウシューズを履いているからこそ叶う表現」に魅了されています。

ですから、私にとってトウシューズは、バレエという素晴らしい芸術を

表現するために必要不可欠な存在なのです。

Kyoko Watanabe

あなたにとってのトウシューズとは?

織山万梨子

牧阿佐美バレヱ団

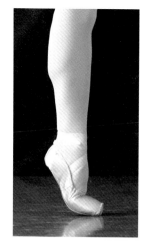

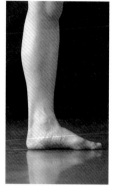
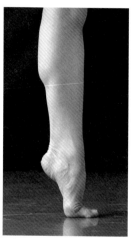
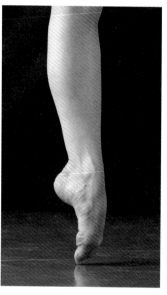

私にとってトウシューズは「メンター」のような存在です。

メンターとは、成長につながる気づきを促してくれたり、

やる気を引きだしたりしてくれる人のこと。トウシューズはメンターのように、

私の身体だけでなく精神もサポートしてくれています。

Mariko Oriyama

あなたにとってのトウシューズとは?

17

トウシューズの基本構造

各部位の名称

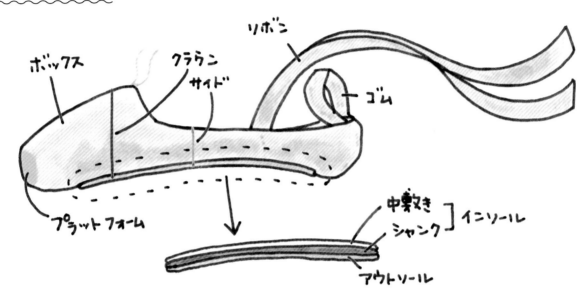

ボックス クラウン サイド リボン ゴム プラットフォーム 中敷き シャンク インソール アウトソール

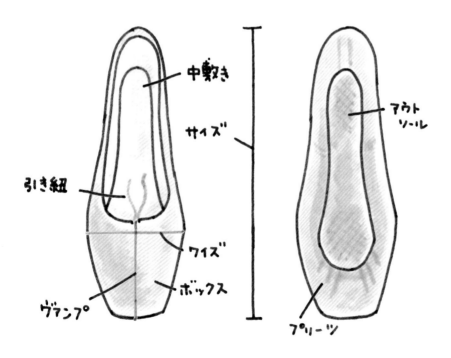

中敷き サイズ 引き紐 ワイズ ボックス ヴァンプ プリーツ アウトソール

トウシューズの先端にはプラットフォームという平らな部分があり、オン・ポワント（つま先立ち）になったときはこの部分が床との唯一の接地面になります。足指を包み、支えるボックス部分は硬くできていて、そのまま履くと痛いので、履く前に軽く揉んでならすことが多いです（P.95）。ソールは2種類あり、床と接する部分はアウトソール、足裏と接する部分はインソールと呼ばれます。インソールは内側にシャンクという板状のものが入っていて、それが足裏を支える役割を持ちます。シャンクの上には薄い中敷きが敷かれています。各メーカーからさまざまな種類が出ており、プラットフォームの大きさや形、ヴァンプの長さやワイズの幅、クラウンの高さ、シャンクの硬さや長さなど、種類ごとに違いがあります。トウシューズの構造について、詳しくは「Part2 トウシューズの作り方」（P.31）をご覧ください。

トウシューズを選ぶためのポイント

サイズ

一番長い足指の先端から、かかとまでの長さのことです。トウシューズのサイズ表示は国ごとに異なることが多く、さらに種類によっては普段履きの靴よりもハーフサイズ大きめ／小さめを選んだほうがよいなど、メーカーや種類によって異なる。そのため、初めて購入する際はできればシューフィッターに正確なサイズを測ってもらったほうが安心。

甲の高さ

足の厚みも選ぶ際に重要なポイント。甲が高い人はクラウンが高いシューズが合いやすく、甲の薄い人はクラウンの低いシューズが履きやすい。ただし、甲が低い場合でも、足裏が強いと前に押し出されるため、クラウンが低いと甲が出すぎることもある。また、足幅が広い場合も、クラウンの高いシューズが合うことがある。

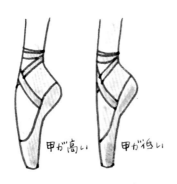

甲が高い　　甲が低い

指の長さ

足指の長さも人それぞれなので、スクエア型＝指が短い人、ギリシャ型＝指が長い人とも言い切れない。指の長さに合うヴァンプのトウシューズを選ばないと、ヴァンプが長すぎてドゥミ・ポワントが通れないこともある。お店のフィッティング時にはドゥミで試し履きができないことが大半なので、自分の指の長さとヴァンプが合うかは要確認。

足のタイプ

足指の長さがほぼ均一なスクエア型、親指が一番長いエジプト型、ひとさし指が長いギリシャ型の3タイプに分類される。スクエア型は指の段差が少ないが、エジプト型は短い指の先に詰め物をすると踊りやすくなる。ギリシャ型は、プラットフォームに向かって細く絞り込まれる形のボックスのシューズが踊りやすい。

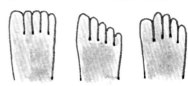

スクエア型　エジプト型　ギリシャ型

足の幅

ワイズは広幅と細幅に分かれ、メーカーによっては「極細幅」「細幅」「普通幅」「広幅」「極広幅」のように、細かく幅を設定していることがある。自分で広幅だと思い込んでいても、実際はさほど広くないケースもあるので、シューフィッターなどに相談を。オン・ポワント時にワイズのサポートがなく、ずぶっと沈んでつま先に体重がかかりすぎる感覚があれば、ワイズを見直して。

シャンクの強度や長さ

長年バレエを踊っていて、足裏の強い人は硬めのシャンクを選ぶと長持ちしやすい。反対に初心者はまず柔らかいシャンクから始めて、段階的に筋力を高めていく。また、シャンクの長さも「フルシャンク」「3/4 シャンク」「1/2 シャンク」などがあり、自分の足裏のアーチに沿う長さを選ぶ（ただし、初心者や子どもはフルシャンクが基本）。

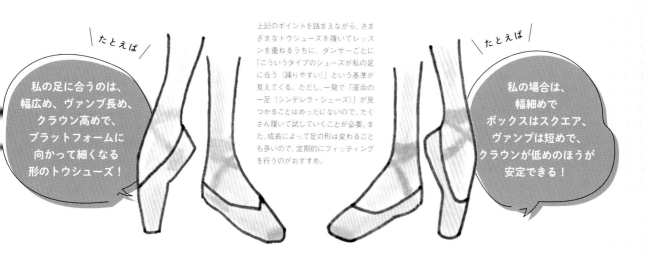

＼たとえば／

私の足に合うのは、幅広め、ヴァンプ長め、クラウン高めで、プラットフォームに向かって細くなる形のトウシューズ！

上記のポイントを踏まえながら、さまざまなトウシューズを履いてレッスンを重ねるうちに、ダンサーごとに「こういうタイプのシューズが私の足に合う（踊りやすい）」という基準が見えてくる。ただし、一発で「運命の一足（シンデレラ・シューズ）」が見つかることはめったにないので、たくさん履いて試していくことが必要。また、成長によって足の形は変わることも多いので、定期的にフィッティングを行うのがおすすめ。

＼たとえば／

私の場合は、幅細めでボックスはスクエア、ヴァンプは短めで、クラウンが低めのほうが安定できる！

本書の楽しみ方

本書はバレエを踊ることが好きな方も、鑑賞することが好きな方も、どちらの方にも楽しんでいただけるように制作しました。それぞれの方に向け、筆者が思う「楽しみどころ」を紹介します！

踊る人編

インタビューを通して踊り方＆魅せ方のコツがわかる

ダンサーとバレエミストレスのインタビューからは、トウシューズで踊るときに大切にしているポイントや、美しく踊るための工夫を知ることができます。舞台で作品を踊るときのヒントに！

➡ **Part 6**「トウシューズでの踊り方」
➡ **Part 9**「トウシューズでの魅せ方」

自分の足に合うシンデレラ・シューズがきっと見つかる

国内で比較的入手しやすいトウシューズを 101 足集め、上・裏・横・前・後ろの 5 方向から撮影しました。足の形や指の長さ、甲の高さなど、あなたの足に合う 1 足がきっと見つかるはずです。

➡ **Part 3**「トウシューズの選び方」
➡ **Part 4**「トウシューズの見つけ方」

快適に踊るための鍛え方や加工、怪我の予防法がわかる

トウシューズでもっと快適に踊るために、足裏を鍛えるエクササイズやバーでのトレーニング、トウシューズの加工方法を掲載。また、よくある怪我と故障も詳しく解説しています。

➡ **Part 5**「トウシューズの鍛え方」
➡ **Part 7**「トウシューズの加工の仕方」
➡ **Part 8**「トウシューズの怪我の防ぎ方」

観る人編

トウシューズという観点から作品の魅力を発見できる

すでに見慣れた作品でも「トウシューズ」に着目して観ると、今までにない魅力が見つかります。また、近年トウシューズの表現法がどのように進化しているかも解説しました。

➡ **Part 9**「トウシューズでの魅せ方」
➡ **Part 10**「トウシューズの進化」

ダンサーが表現するために施している工夫がわかる

ダンサーは自分なりの表現をするため、作品ごとに踊り方を工夫しています。また、客席からはわからない、ダンサーが施すトウシューズの加工も細かくご覧いただけます。

➡ **Part 6**「トウシューズでの踊り方」
➡ **Part 7**「トウシューズの加工の仕方」

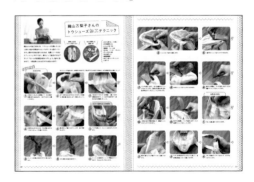

トウシューズの歴史や作り方を知ることができる

トウシューズの誕生から現在までの進化がわかる歴史を年表形式で紹介！ また、トウシューズ工場を取材し、1 足のシューズが作られるまでの詳しい工程も掲載しています。

➡ **Part 1**「トウシューズの歴史」
➡ **Part 2**「トウシューズの作り方」

Part 1 トゥシューズの歴史

トゥシューズは一体いつ誕生し、
どのような流れを経て現在の形に進化したのか？
トゥシューズに関するバレエ史を紹介するとともに
メーカーの誕生や踊り方に変化をもたらした出来事など、
さまざまな史実を集めてみました。

トウシューズの歴史

トウシューズはいつ生まれ、どのような流れを経て現在の形に
進化を遂げてきたのでしょうか？ ここではトウシューズに関
する出来事を年表形式でご紹介。身近なメーカーの誕生秘話や
踊り方に変化をもたらした出来事なども含め、さまざまな史実
をバレエライターの森 菜穂美さんと一緒に集めました。

監修／森 菜穂美
（プロフィールは P.146）

1 足さばきが自慢だったマリー・カマルゴ
提供／兵庫県立芸術文化センター　薄井憲二バレエ・コレクション

History of Pointe shoes

1533年
カトリーヌ・ド・メディシスがオルレアン公ア
ンリード・ヴァロワ（後のアンリ2世）と結婚。
イタリアで社交の場で人気だったバレエをフラ
ンスに伝える。

※当時のバレエは現在私たちが知るバレエとは異なるもののた
め「宮廷バレエ」と呼ばれる

バレエの中心はフランスへ

1653年
「踊る王」と呼ばれたルイ14世が『夜のバレエ』
を上演。太陽の役を踊ったことから「太陽王」
と呼ばれるように。

1661年
ルイ14世が王立舞踊アカデミーを設立。王の
命令でピエール・ボーシャンが責任者となり「5
つの足のポジション」を体系化した。1669年に
は王立音楽アカデミーが創設され、舞踊アカデ
ミーのダンサーも合流。舞踊に関する西洋で最
初の組織であり、現在のパリ・オペラ座バレエ
の起源である。

1670年
ルイ14世がバレエを引退したことから、女性
の踊り手が登場。

1681年
初めて4人の若い女性がリュリの『愛の勝利』
を踊った（当時はヒール靴だった）。

1730年代
パリ・オペラ座のダンサーだったマリー・カマ
ルゴが、足さばきや得意のジャンプを見せられ
るように、リボンで結んだヒールのないフラッ
トな靴を履くように。この靴が現在のバレエ
シューズの基礎となる。（*1*）

1795年

シャルル・ティドロが舞台演出において、宙乗りを取り入れる。ダンサーが吊り上げられ、つま先立ちで踊ったことで、客席が沸いた。1800年代初期にはワイヤーの支えなしで、つま先で踊る試みが取り入れられていたという。

1815年

ディドロ振付『ゼフィールとフロール』にて、ジュヌヴィエーヴ・ゴスランが初めてトウシューズで踊ったといわれている。ただし、最初にトウシューズで踊ったダンサーとして、ロシアのアヴドーチャ・オストーミナの名も知られており、諸説あるとされている。

1823年

イタリア人のバレリーナ、アマリア・ブリュノーニが、オーギュスト・アルマン・ヴェストリス『La Fée et le Chevalier（妖精と騎士）』を踊った際に、初めて観客の前でポワントワークを披露したとされている。彼女のトウシューズは、サテンのバレエシューズのつま先部分を四角く軽く縫いつけただけのものであった。

1832年

フィリッポ・タリオーニ振付の『ラ・シルフィード』初演。マリー・タリオーニがトウシューズで踊って以来、バレエ作品ではポワントでの振付が必須になる。タリオーニの履いたシューズは、パリのヤンセンが制作したもので、ボックス部分はなく、柔らかいサテンシューズのつま先を糸でかがったものだった。そのため、当時のシューズでは技術的にできるテクニックは限られていた。（2）

ここから「ロマン主義バレエ」の流行が始まり、妖精や精霊など、人間ではない軽やかさが踊りに求められるようになったことから、トウシューズで踊る技術が発展していった。

トウシューズで踊るダンサーには熱狂的なファンがつき「タリオーニのシューズを食べたファン」「ファニー・エルスラーのシューズにシャンパンを入れて飲んだファン」などの逸話も残されている。（3）

2　「ラ・シルフィード」を踊るマリー・タリオーニ
提供／兵庫県立芸術文化センター　薄井憲二バレエ・コレクション

3　タリオーニ最大のライバルといわれた、ファニー・エルスラー
提供／兵庫県立芸術文化センター　薄井憲二バレエ・コレクション

4 『眠れる森の美女』初演時にオーロラ姫を踊った、カルロッタ・ブリアンツァ
提供／兵庫県立芸術文化センター
薄井憲二バレエ・コレクション

1847年

マリウス・プティパがロシアへ渡り、プティパとその弟子イワノフの時代が訪れる。

バレエの中心はロシアへ

1887年

イタリア人のサルヴァトーレ・カペジオが、NYメトロポリタン・オペラの向かいに靴の修理店をオープン。ダンサーの靴の修理を行っていたが、次第に彼のトウシューズが評判となり、世界中からダンサーが訪れるように。1910年にはアンナ・パヴロワも来店して購入し、その後も履いていたという。

1890年

プティパによる『眠れる森の美女』初演。オーロラ姫や妖精のヴァリエーションなどがトウシューズで踊られた。(4)

1892年

『アラジン』において、ピエリーナ・レニャーニが32回転のグラン・フェッテを披露。ロシア帝国バレエ団はイタリアのニコリーニ製のシューズを輸入しており、ボックス部分は固くなり、プラットフォームは広がって安定性が増し、現在のトウシューズに近くなっていた。なお、彼女は1895年に『白鳥の湖』のオディール役で初めてグラン・フェッテを披露したダンサーとしても知られている。(5)

1907年

アンナ・パヴロワが、後に『瀕死の白鳥』として知られるようになる踊りをガラ公演で披露（振付はミハイル・フォーキン）。オン・ポワントのままパ・ド・ブレを続け、死に至る白鳥を表現した彼女の踊りは脚光を浴びた。(6)
パヴロワが実際に履いていたトウシューズは、プラットフォームの広いものだったが、繊細な足使いを強調するため、つま先部分が細く見えるように写真の補整を行ったと言われている。なお、パヴロワのシューズはカペジオ製。

5 『La Perle』を踊るピエリーナ・レニャーニ
提供／兵庫県立芸術文化センター　薄井憲二バレエ・コレクション

1909～1929年

ディアギレフによるバレエ・リュスの時代。『眠れる森の美女』などの作品をフランスに伝えながら、フォーキンやマシーン、バランシンらの振付による新しいバレエ作品を次々に生み出し、ポワントの技術がさらに向上した。

1924年

ブロニスラヴァ・ニジンスカ振付の『Les Fâcheux（うるさがた）』は男性がトウシューズを履いて踊る最初の作品のひとつ。バレエ・リュスのスターダンサーであるアントン・ドーリンがトウシューズを履いてヴァリエーションを踊った。

1928年

靴職人であったフレデリック・フリードが、その妻と、ギャンバを離れてきたアシスタントとともに、ロンドンのセントマーチンズ通りにフリード社を設立した。

1932年

ド・バジル大佐とルネ・ブルムによってバレエ・リュス・ド・モンテカルロが結成。翌年にデビューした3人のベビー・バレリーナ（タチアナ・リャブシンスカ、タマーラ・トゥマノワ、イリナ・バロノワ）が主役となり、高度な技を披露した。64回転のグラン・フェッテやサポートなしの6回転ピルエット、長いバランスなどを見せたという。（7）

1931年

靴専門店・銀座ヨシノヤが、オリジナルのバレエ靴を開発。後に松竹、宝塚、日劇のすべてのバレエ靴・舞踊靴を一手に引き受ける。

1932年

オーストラリアにて、靴職人のジェイコブ・シモン・ブロックにより、ブロックが設立。ポワントでのトラブルを抱えた若いダンサーと出会ったことで、よりよいシューズを作ることを約束したことから、トウシューズ作りを開始した。

6 『瀕死の白鳥』を踊るアンナ・パヴロワ
提供／兵庫県立芸術文化センター　薄井憲二バレエ・コレクション

7 『白鳥の湖』オデットを踊るイリナ・バロノワ
提供／兵庫県立芸術文化センター　薄井憲二バレエ・コレクション

8　映画『赤い靴』より、モイラ・シアラー
写真：Everett Collection/ アフロ

9
バレエ団「トロカデロ・デ・モンテカルロ」では男性
ダンサーによる見事なポワントワークが見られる

1947年
ダンサー・振付家の息子であるローラン・プティの依頼により、その母であるローズ・プティがレペットを設立。

1948年
映画『赤い靴』が公開され、主役を踊ったダンサー、モイラ・シアラーが一躍人気に。日本の公開は 1950 年。モイラ・シアラーが谷桃子に赤いトウシューズをプレゼントしたエピソードが話題になったという。(8)

1950年代
バランシンはポワントテクニックを重視し、進化させた。クラスレッスンでもトウシューズを履くべきだとした。ポワントへの乗り方、オフポワントなどさまざまな実験を行い、バレエのボキャブラリーを発展させた。

1950年
青志社(現在のチャコット)が創業。トウシューズ、バレエシューズの製造販売を開始。

1954年
アルトラ ファブリック (現在のシルビア) 創業。日本で初めてウーリーナイロン製レオタード、およびタイツ販売を始める。後に銀座ヨシノヤの工場と靴職人を引き継ぐ形で、トウシューズ、バレエシューズの製造販売を開始。

1970年
ダンス・シアター・オブ・ハーレムが、有色人種の団員のために、トウシューズの色を肌の色にカスタマイズするようになる。

1974年
男性ばかりのバレエ団、トロカデロ・デ・モンテカルロが創立。団員は女装し、トウシューズを履いて踊る。(9)

1987年
ウィリアム・フォーサイスがパリ・オペラ座バレエのために『イン・ザ・ミドル・サムホワッ

ト・エレヴェイテッド』を振り付けた。オフバランスと多中心を特徴とする本作は、バレエ界に革命をもたらし、ポワント技術の限界に挑むものでもあった。

1988年
バレエを愛する実業家、ニコライ・グリシコによってグリシコが誕生。彼の妻はプロのダンサーで、タマラ・グリシコであった。

1993年
エリザ・ゲイナー・ミンデンにより、シャンクとボックス部分に熱可塑性エラストマー素材を用いた画期的なトウシューズ「ゲイナー・ミンデン」がアメリカで誕生。リサーチと開発、特許取得までに8年の歳月をかけたという。

2016年
ロイヤル・アカデミー・オブ・ダンス（RAD）は、トウシューズを履いてよい最低限の年齢は11歳を推奨するが、12歳、13歳からがより望ましいと発表した。

2017年
ゲイナー・ミンデンが、白人以外のダンサーのために「エスプレッソ」と「カプチーノ」という2色のトウシューズを販売した。

2018年
フリード社が、ブロンズとブラウンのシューズの販売を開始し、世界的な話題になる。ロンドンを拠点に活動する黒人やアジア人、少数民族のバレエ団「バレエ・ブラック」に協力を依頼し、開発した。（10・11）
※それまでは、肌の色に合わせてファンデーションを塗る作業（パンケーキと呼ばれる）が必要だった。

2019年
ロシアのトウシューズメーカー、シベリアン・スワンが男性用のポワント Rudolf を発売した。

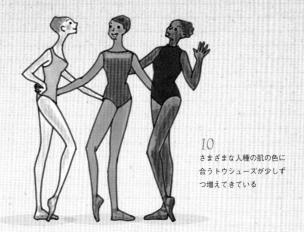

10
さまざまな人種の肌の色に合うトウシューズが少しずつ増えてきている

11
フリードから発売された新色「バレエ・ブラウン」「バレエ・ブロンズ」のトウシューズ（右2足）
Photographer: Tyrone Singleton　Dancers: Ballet Black

参考文献

- 『オックスフォード　バレエダンス事典』
  著：デブラ・クライン、ジュディス・マックレル／監訳：鈴木晶（平凡社）
- 『オペラ座の迷宮 パリ・オペラ座バレエの350年』著：鈴木晶（新書館）
- 『新版 知ってる？トウシューズ』Clara編（新書館）
- 「ダンスマガジン」2020年12月号（新書館）
- 『パリ・オペラ座へようこそ〜魅惑のバレエの世界〜』著：渡辺真弓（青林堂）
- 『バレエ大図鑑』監修：ヴィヴィアナ・デュランテ（河出書房新社）
- 『バレエとダンスの歴史 欧米劇場舞踊史』編著：鈴木晶（平凡社）
- 『バレエに育てられて　牧阿佐美自伝』著：牧阿佐美（新書館）
- 『ビジュアル版　バレエ・ヒストリー　バレエ誕生からバレエ・リュスまで』
  著：芳賀直子（世界文化社）
- 『ポアントのすべて　トウシューズ、トレーニング、テクニック』
  著：ジャニス・バリンジャー、サラ・シュレジンガー／訳：佐野奈緒子（大修館書店）
- 「Pointe Magazine」https://pointemagazine.com/history-of-pointe-shoes/
- 各トウシューズメーカーのHPより

※書名・五十音順

牧 阿佐美さんに聞く、トウシューズの思い出

トウシューズで踊るためには
「腰で立つ」ことを覚えないと
美しいラインは身につきません

── 牧 阿佐美さん

（牧 阿佐美バレヱ団）

Asami Maki

1933 年生まれ。幼時より母・橘秋子からバレエを学び、54 年にはアメリカに留学し、アレクサンドラ・ダニロワ、イゴール・シュヴェッツォフに学ぶ。56 年、牧阿佐美バレヱ団を結成。71 年に母が死去した後、現役を引退し、橘バレエ学校校長として後進の育成、指導に当たる。99 年 7 月〜 2010 年 8 月、新国立劇場舞踊芸術監督に就任。01 年からは新国立劇場バレエ研修所所長。21 年 10 月に逝去。

牧 阿佐美さんがバレエを始めた 1930 年代から、現役で踊っていらした 60 年代までの間、世界中に多くのメーカーが誕生し、トウシューズは劇的な変化を遂げました。当時はどのようにしてトウシューズを入手し、工夫を重ねていたのでしょうか？　また、時代とともに踊り方はどのように変化したのでしょうか？　ダンサーであり、振付家であり、指導者でもある牧先生に、現役時代のトウシューズの思い出や、近年の踊り方の変化について聞きました。

──牧先生が現役時代に履いていらしたトウシューズは、どちらのものでしたか？

私が主に履いていたのは、カペジオの「パヴロワ」と「ニコリーニ」でした。1954 年、20 歳のころにアメリカに留学した際、ニューヨークにあるお店で購入したのがきっかけです。日本に帰国してからも取り寄せていました。

──アメリカに渡られる前も、トウシューズは履いていらしたのですよね？

ええ、初めて履いたのは小学校 4 年生くらいでしたね。まだ小学生なので、当時の舞台では母が振り付けてくれた短い曲を踊っていました。その後、本格

牧先生が現役時代に履いていらした、カペジオの「パヴロワ」。触らせてもらったところ、現在のトウシューズに比べてかなり硬く、しっかりと厚みのある作りでした

的な古典作品をトウシューズで踊るようになったのは、アメリカから戻ってからです。

──当時、日本ではどちらでトウシューズを入手されていたのでしょうか？

代々木上原にトウシューズ工房が 1 件だけありましてね。注文すると 2 〜 3 カ月待ちは当たり前。少しでも早く作ってほしくて、お菓子を持って行ったものです（笑）。当時、日本のトウシューズはサテン地ではなく、運動靴に使われる厚手の生地でできていて、今とはだいぶ履き心地が違うものでした。

──アメリカでは、なぜカペジオのシューズを選ばれたのでしょうか？

私はアメリカで、アレクサンドラ・ダニロワ先生（※）にバレエを教えていただいていましたので、先生に連れて行っていただいたのがカペジオでした。

※アレクサンドラ・ダニロワ
1924 年、ディアギレフによるバレエ・リュスに参加。33 年からはバレエ・リュス・ド・モンテカルロで、プリマバレリーナとして長く踊る。51 年に退団後は、さまざまなバレエ団にゲスト・スターとして参加するとともに、バレエの演出・振付も手がけたほか、後人の育成・指導にもあたった。

──ご著書『バレエに育てられて　牧阿佐美自伝』（新書館）に、ダニロワ先生が特別なカリキュラムを作ってくださったと書かれていました。トウシューズの

レッスンもありましたか？

ええ、私にトウシューズについて教えてくださったのは、ダニロワ先生と同様にバレエ・リュスに参加されていたご経験を持つ、フェリナ・ドゥブロフスカ先生でした。先生はバレエシューズを履いて教えてくださるのですが、その足がまるでトウシューズを履いているように見えるのです。トウシューズを履いていないのに、履いているように見える。その美しさに私は驚いてしまいました。

――「パヴロワ」と「ニコリーニ」には、どのような特徴がありましたか？

パヴロワは、アンナ・パヴロワのために作られたもので、とても硬く、クラウンが高いシューズです。おそらくパヴロワ自身の甲が高く、あまり柔らかいと甲が出すぎてしまうから、そう作られたのでは……と思います。硬いので、自分の足裏と甲の力でぐっと押し出さないと、ドゥミ・ポワントができない靴です。ニコリーニはそれよりは柔らかいシューズで、私は本番用に履いていました。

――日本に戻られてからも、カペジオを履いていらっしゃったのですか？

年に1回程度、アメリカに50足くらい注文して取り寄せていました。でも、50足届いても合うのはせいぜい3〜4足。仕方ないので、よいものを本番用に取っておき、残りは稽古用に、と使い分けていましたね。今とあまり変わらなくて、当時の価格で1

『ドン・キホーテ』より、キトリのヴァリエーション
提供／牧阿佐美バレヱ団

足あたり1万円ほどでした。それを50足ですからね……バレエにうんと賭けていないとできないことでした。

――昔と今のトウシューズには、どのような違いがありますか？

昔の靴は全体的に硬くて、幅が細く、厚みがありましたね。今のシューズはそれに比べると、幅広で平ら、薄い作りのものが多くて、誰でも立てるようにできていますけれど、昔のシューズはそう簡単には立てなかったです。

――履いて踊るためには、どのような工夫をなさっていたのでしょうか？

足裏のアーチにソールを吸いつけて、足を外側にきちんと回しながらでないと、昔のトウシューズでは立てませんでした。つまり、足裏のアーチが高くて、アン・ドゥオールができる人でないと履けない靴だったのです。アン・ドゥオールして立てば、軸足

『運命』第1楽章より
提供／牧阿佐美バレヱ団

29

の小指側が土台になるから、そうそうかかとが落ちてこないので、何秒でも止まっていられました。

――しっかりと基礎が入っていないと履けないシューズだったのですね。

あと幅が細めで両脇をしっかり支えてくれる分、ボックス内では指を自由に動かせたので、指先を繊細に使ってコントロールもしやすかったです。指が落ちてしまうことがないから、私はマメひとつできなかったんですよ。私の足を診た病院の先生から、マメがなくて驚かれたこともあるくらい(笑)。

――現在もたくさんの生徒さんを指導されていらっしゃいますが、トウシューズで踊ることに関して、どのような課題点があるとお感じですか?

トウシューズで踊るためには、腰で立たないといけません。人は腰に重心を置くと簡単に移動できるのです。重心が腰にあれば、脚は軽やかに自在に動かせます。ところが、脚で立とうとする生徒がよくいるのです。脚で立つと、ひざで突っ張って止めようとするので、ひざ重心になってしまいます。そうすると腰から引き上げることができず、とても軽やかには踊れません。

――脚の力で踊ろうとすると重心が下がって、引き上げられないのですね。

そう、それでいて今は幅の広いトウシューズを履く方が多いので、足に乗っかってしまう。だからいつも生徒には「立っていない」と指摘しています。腰で立たずに脚で立つから、動きが重くなり、指に乗って踊ってしまう。だからマメやタコもできやすい。こういう癖を直すのは至難の業です。

――やはり子どものころからの基礎の習得が大切になりますね。

基礎がきちんと入っていないと、クラシックはできませんからね。小学校4〜5年生くらいまでに、先生がその子の癖を見つけて正してあげないと、成長したあとではもう遅いことが多々あります。とくに腰で立つことを覚える前にトウシューズを履き始めてしまうと、後から直すのは大変ですね。

――基礎があるのとないのとでは、テクニック以外にどのような違いがありますか?

踊りの表現ひとつとっても、基礎ができているダンサーには根があるから、どんな振付や音楽でも、その人が何を表現したいのかがお客様に伝わります。基礎を用いながら、さまざまなイメージを作り上げることができるんですね。でも、基礎がないと根っこがないので、上っ面の表現に見えてしまう。これはバレエだけでなく、すべての芸術に通じることですけれどね。

――体の使い方で、ほかにも気になる点はございますか?

今は上半身が開いてしまって、体の使い方がバラバラな人が多い印象です。これも腰で立てていないこととつながっていますね。腰に重心が定まっていないから、手足がバラバラに動いて、豆太鼓みたいになってしまう。

――豆太鼓というのは、振ると豆が太鼓を叩いて音がなるオモチャのことですよね?

ええ(笑)。本来は、幹となる体が手と足と連動してスムーズに動くはずが、腰が定まっていないので幹がないから、手足が体に振り回されてバラバラに動いてしまう。だから、豆太鼓みたいなんです。

――それでは、トウシューズでは安定して踊れないですよね。

踊れないですね。私が以前から言っているのは、ラインの美しさが崩れているということは、歌で言うと音程が外れていることと同じ。手足がバラバラになると美しいラインにはならず、何も表現できません。トウシューズで踊るためには、立体的な美しいラインが不可欠だと思います。

――貴重なお話をありがとうございました。

『白鳥の湖』より、黒鳥オディールのヴァリエーション
提供／牧阿佐美バレヱ団

トゥシューズの作り方

どのような工程を経て、一足が生み出されているのか？
株式会社シルビアとチャコット株式会社で
開発や製造に携わる方々にお話を聞きながら、
普段なかなか拝見することのできない
工場内での製造方法について取材しました。

株式会社 シルビア

トウシューズ工場見学に行ってきました

シルビアのトウシューズは、宮城県の鳴子温泉郷からほど近い、大崎市岩出山にある工場で製造されています。豊かな田園地帯を車で走ると、ふいにピンク色の愛らしい工場が姿を現します。トントンとトウシューズを叩く音が心地よく響く工場内で、シルビアならではの製造方法やこだわりについて取材してきました。また、代表取締役の岩田高幸さんからもトウシューズ作りへの想いについてもお聞きしました。

シルビアの歴史

- **1954年** シルビアの前身、株式会社アルトラ ファブリックを創業。日本で初めてウーリーナイロン製レオタード及びタイツ販売を始める
- **1967年** 株式会社シルビアを設立
- **1978年** 日本最古のトウシューズメーカー、銀座ヨシノヤの工場と職人を引き継ぎ、トウシューズ、バレエシューズの製造を開始
- **1982 84年** トウシューズ「サテントップ」「レザートップ」を発売
- **1985年** トウシューズ「チェリー」「ネオチェリー」を発売
- **2013年** トウシューズ「マイセシオン」を発売
- **2015年** トウシューズ「フィオレット」を発売
  トウシューズ「レーヌ」を発売
- **2019年** トウシューズ「フロリナⅡ」「フロリナⅢ」を発売
  トウシューズ「エリス」を発売

宮城県の工場を訪ねる前に、代表取締役の岩田さんからお話を伺う機会を得ました。日本のトウシューズ史に触れながら、シルビアのトウシューズの歴史や特徴について、貴重なお話を聞かせてくださいました。

代表取締役
お話して
くださった方
岩田高幸さん

——シルビアさんでトウシューズを作り始めた経緯を教えてください。

創業者は私の父で、1954年にアルトラ ファブリックという会社を作って、ウーリーナイロン製のレオタードやタイツの販売を始めました。ウーリーナイロンは伸びる素材で、当時その生地は東レさんしか取り扱っていなかったのですが、たまたま父が東レさんから糸を分けてもらえることになった。それが創業のきっかけで、67年にシルビアの名になりました。そのうちに自社でもトウシューズを作ろうと考え始めたころ、銀座ヨシノヤさんが「トウシューズの製造をやめるので、シルビアさんで引き継ぎませんか？」と声をかけてくださった。そこで、78年に銀座ヨシノヤさんの工場と職人さんを引き継いで、トウシューズやバレエシューズの製造を始めたのです。

——靴メーカーで知られる銀座ヨシノヤさんが当時、トウシューズを作っていたのですね？

そうです。私どもがシューズの製造を引き継いだころには、綜芸さん、スワンシューズさん（現在のチャコット）などが、すでにシューズの製造をなさっていました。

——当時のシルビアさんのトウシューズは、現在のものと製法は異なるのでしょうか？

引き継いだころのトウシューズは「すくい縫い」という製法で作っていました。でも今は、ミシン自体がないので、製法が異なります。すくい縫い専用のミシンは、今はもう製造されていなくて、持っていらっしゃるメーカーも100年ほど前の古いミシンを使っていると思います。

——縫い方の製法以外で、現在に至るまでの間、大きく変わった部分はどこですか？

木型（靴の型のこと）がずいぶん変わりましたね。現在も、昔作った木型を使っているものもありますが、日本人の足の形がかなり変わってきたので、時代に合わせて変化させています。昔はどちらかというと幅広でしたが、最近は長細くて甲が薄めな方が増えている印象です。

——新しく木型を作られるとき、つまり新しいトウシューズを開発されたり、リニューアルされたりするのは、どのようなタイミングで行われるのでしょうか？

弊社のシューフィッターたちは、店舗や訪問先のバレエ教室などで、毎日多くのお客様の足を拝見しています。それで「最近こういう足型の方が増えてきた、前とは変わってきた」という声が増えてきたときに、新商品の開発やリニューアルの検討が始まります。新しい木型を作るときは、500人くらい足型を取りながら確認しますね。弊社は「ワンストップサービス」と言って、お客様が必要なものがすべてそろう店づくりを心がけています。どんな方でも必ず気に入るシューズがあるように、いろいろな足型のお客様に適したものを作りたいと思って開発しています。

——トウシューズ作りで大切にされていることは？

耐久性を保ったままで、できるだけ軽く作りたいですね。あと、床からできるだけ遠く離れないようにしたい。ソールの皮が厚いと足裏が床から離れてし

まうので、床を感じやすいようにソールは薄めに。それから、新しい素材が出てきたことで、過去は実現できなかったようなものを作ることが可能になってきています。新しい素材はなるべくすぐ確認して、使えるものがあればどんどん取り入れていますね。たとえば、フロリナというトウシューズではナイロン繊維を用いることで、何度履いても崩れにくいように工夫しています。

——近年に開発されたトウシューズに「エリス」がありますが、どのような工夫をされましたか？

エリスは一番新しい商品ですが、今まで弊社のサテントップやネオチェリーなどが合わなかった方にも「これなら履ける」と喜んでいただけました。ダンサーの声を元にシャンクを開発して、マイセシオンの木型に合わせています。ミリ単位の調整やモニター調査を重ねても販売してみないとわからない部分があるので、好評をいただけるとやはり嬉しいですね。ひとつのトレンドを作れた感覚があり、それはやりがいになりますね。

——さまざまな課題やチャレンジに対して、楽しんで取り組んでいらっしゃる感じが伝わってきます。

そこは本当に大事ですね。弊社は「世の中にまだない、面白いものを作りたい」と思って、いつも商品開発をしています。そのためには、自分たちが心から「これがいい」と思う、好きなものを作ることが大切ですね。お客様の声を聞くことはもちろん必要ですが、新しいものを作るためには冒険も必要です。もちろん失敗もありますが、失敗を恐れていたら新しいものは作れない。自分たちがよいと思ったものを作った結果、お客様に受けるというのが一番の喜びです。

——シルビアさんは輸入商品のラインナップがとても豊富です。トウシューズの輸入も始められたきっかけは？

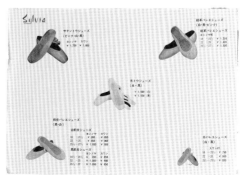

1969年、シルビア第2号のカタログより。シューズによっては「ヨシノヤ」「スワン（現チャコット）」の文字があり、国内メーカーの垣根を越えて販売されていることがわかる。なお、価格としては当時の価格で一足あたり1500〜1700円

輸入は私が入社してから始めました。私がもともと航空会社関連で働いていたことがあり、輸入業は身近な存在だったのです。1993年ごろに入社してから、海外を回ってトウシューズを探すようになりました。年間120日は海外にいましたね（笑）。アメリカ、イギリス、フランス、アルゼンチン、ブラジルまで……。

――当時、どのようにして仕入れるトウシューズを見つけていらしたのですか？

そのころはインターネットがありませんから、大使館に連絡して探してもらうか、または現地の電話帳で調べて当たりをつけて出向いたりしていました。無事バレエショップまでたどり着いても、今度はメーカーにつないでもらうのが至難の業。でも、何度も立ち寄るうちにお店の方も協力してくれて、メーカーの情報をくれたりしましたね。

――日本ではシルビアさんの専売商品であるゲイナー・ミンデンやメルレのトウシューズと出会ったのは、いつごろですか？

どちらも1998年のカタログには掲載しているので、そのころだと思います。ゲイナーは当時、アメリカ以外ではほとんど売れていなかったので、弊社はゲイナーにとって最初のころの取引業者だと思いますよ。メルレの社長さんは私とほぼ同い年で、気が合いました。お互いにバレエが好きなことが伝わるんでしょうね。なにしろ私は面白いものが好きなので、これからもユニークな商品を作り、発掘していきたいです。

――貴重なお話をありがとうございました！

新緑のまぶしい6月、宮城県大崎市岩出山の工場で、係長の静観さんが笑顔で出迎えてくださいました。製造ラインを見学する前に、基本的なところをお聞きしました。

お話してくださった方 宮城工場　係長
静観 毅さん

――宮城に工場ができたのは、いつのことですか？

1998年の6月ですね。私はもともと大阪でシルビアの営業をしていたのですが、途中で東京の工場に異動して靴作りを学びました。4年ほどしたころ、宮城に工場が移転することになって、そのタイミングでこちらに来ました。私以外はほとんどが地元出身のスタッフですね。手先が器用で、物作りに携わりたいと考えて入社してくれました。

――トウシューズ一足を作るにあたり、何人かで分業されていますか？

はい、完成までの一連の流れを複数人で分業しています。力が必要になる生地の裁断と仕上げの作業は、主に男性が行っています。かなりの力仕事なので、手首に負担がかかって腱鞘炎になることもありますね。大変な作業です。

――トウシューズ作りはほとんどがハンドメイドなのでしょうか？

ほぼ手作業ですね。生地を裁断する断裁機と、生地を縫い合わせるミシンなど、いくつかのマシンを使いますが、あとはハンドメイドです。

――どの工程も非常に気を使う作業だと思いますが、特に工夫されている点や難しさを感じるところはどこでしょうか？

忙しい時間帯にもかかわらず、工場内から撮影のために数人集まってきてくださった。右のおふたりは仕上げの工程を担当されている方々

トウシューズのボックス部分にあたる「中芯」の部分は、麻布を7枚重ねたものでできているのですが、糊の量を調整しながら少しずつ重ねることで、ボックスに足を入れたときの足あたりが痛くならないように工夫しています。重ねるときにつける糊の量が多すぎると染み出したり、プラットフォームに凹凸が出たり、乾かなかったりしてしまうので、慎重かつスピーディに行う必要のある難しい作業ですね。

──ほかにも工程内で、とくに気を使うところはありますか?

仮つり込みというプリーツを寄せる作業があるのですが、プリーツが均一になるように丁寧な仕上げを心がけています。あとは余分な糊がついていないかを確認して、汚れもきれいに落とすことは必須ですね。トウシューズは見た目の美しさも大切だと思っています。

──季節によって気をつけていらっしゃる部分はありますか?

季節によって、生地や糊の硬さが違うことがあるので微調整をしています。生地が硬いと、仮つり込みのときに基準からずれてしまうことがあるので、とても気を遣います。毎日様子を見ながら、場合によっては縫い代の長さや糊の水分量を微調整しています。

──カスタムオーダーでは、どんな注文内容が多いですか?

ヴァンプの深さを浅くしたいというオーダーが一番多いですね。あとは脇やかかとの深さを調整することもあります。ただ、生地を切り抜くためには「抜き型」というものが必要なので、その型がない特殊なオーダーだと時間がかかることがあります。たとえばヴァンプを5mm浅くする程度であれば、よくあるオーダー内容なのですでに抜き型があるんです。でも、1cm、1.5cmとなると稀なオーダーなので、型紙を使って生地に線を引いて、手で切る必要があるため、少し手間は増えますね。

──シャンクには、どのような素材が使用されていますか?

ものによってかなり異なりますね。たとえば、フロリナのシャンクには折れにくいポリアミドという素材が使われています。あとは、ファイバー素材やゴム、革、圧縮した紙などを組み合わせています。

──詳しく聞かせてくださって、ありがとうございました。

次ページからいよいよ工場見学です!

シルビアの
トウシューズができるまで

ここからは工程に沿って、工場内を見学していきます。
シルビアのトウシューズが出荷されるまでの工程を、
詳しく教えていただきました。（2021年6月取材）

世界中でもっともクラシックな製法である
「ターン製法」でトウシューズが作られている

シルビアのトウシューズは、一般的に「ターン製法」と呼ばれる、もっともクラシックな製法で作られています。生地を木型に裏返しにはめて縫い、ボックス部分に麻布を塗り込んだあと、生地を表に引っくり返してからシャンクを入れて成形し、乾燥させて仕上げる方法です。世界中で多くのメーカーがこの製法でトウシューズを作っています。また、シルビアでは足の形や筋力に合わせ、トウシューズをセミオーダーすることが可能です。好みの木型やシャンクを自由に組み合わせ、オリジナルの一足を作ることができます。

※場合によって組み合わせできないパターンもあり
※レーヌはセミオーダー非対応

START

裁 断（型抜き）

断裁機に10枚重ねた生地を置き、その上に「抜き型」と呼ばれる型を並べ、上からプレスすることで型を抜きます

抜き型を使います

抜き型は「頭」と「腰」と呼ばれる2種類のパーツに分かれます。トウシューズの生地としては、各サイズ分がまとまるので長めに型は抜きやすい。ラーンプ数0.5mm長くするなどよくあるオーダーにも対応する抜き型なども、用意されているそう

抜いた型がこちら。サテン生地の裏には「天竺生地」と呼ばれる、白い裏地がついています。なお、シルビアのサテン生地は、ユーロピンク、ロシアンピンク、ピンクの3色展開

縫 製（製甲作業）

抜いた「頭」ひとつと「腰」ふたつのパーツを組み合わせ、立体的に塗っていく作業を「製甲」と呼びます。ミシンを使って合体させます

このタイミングで、引き紐を縫い込みながら履き口もかがります

中底つけ

製甲した生地を木型にはめる際に、ボンテックスという厚手の紙でできたソールも合わせて木型に貼ることで、次の「仮つり込み」作業をしやすくします

仮つり込み

ペンチを使ってソール側のプリーツが均一になるように寄せていきます

底づけ

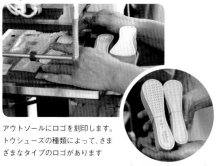

アウトソールにロゴを刻印します。
トウシューズの種類によって、さま
ざまなタイプのロゴがあります

刻印されました

つり込みをした生地に、糊を塗ったアウトソール
を貼りつけます

機械でしっかりプレスすることで、はがれないよ
うにします

裏皮貼り付け

縫製室にてミシンでソールを縫いつけ、固定します

中芯糊づけ

7枚の麻布に糊を塗ります。それぞれで糊を塗る
分量や位置が細かく決まっています

すべての麻布に糊を塗ったら、少しずつずらしながら
重ねていきます。7枚張り合わせたら、糊を浸透させ
ます。これがボックス部分の「中芯」となります。

仕上げ

 整える

麻布を貼り合わせた中芯の余分な部分をカットし
ます

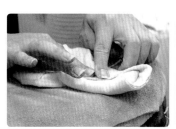

ひっくり返す

中から見ると…

木型を抜き、くるくると丸めながらひっくり返し、表面を出します

 木型に入れる（1回目）

木型をはめ込みます。かかとまでピッタリとはめ込むには、かなりの力が必要です

\叩いて整える/
（1回目）

しばらく置いて
乾かしてから…

プラットフォームを金槌で叩いて、
平らになるように整えていきます

\シャンクを貼りつける/

少し乾かすことで接着性を高めてから、種類に応
じたシャンクを入れます

\木型に入れる/
（2回目）

再び、木型をはめ込みます。シャンクが入った分、
さらにきつくなるので、はめ込むのは大変です

\叩いて整える/
（2回目）

再びプラットフォームを金槌で叩いて、平らにします。さらにボックス部分の布もならして、生地の
ヨレがないように整えます

乾　燥

木型をつけたまま、乾燥室に入れて乾燥を始めます

中敷き貼り、リボンつけ

乾燥が終わったら、中敷きを貼ってから、縫製室でリボンを縫いつけます

FINISH

検品・箱入れ

基準を満たしているか、一足ずつ測りながら検品
していきます。OKであればリボンをきれいに整
えてから箱入れし、種類ごとのシールを貼って全
行程の完了です

\箱の中へ！/

チャコット株式会社

トウシューズ工場見学に行ってきました

チャコットの工場があるのは、長野県上田市。田園風景の中に大きな看板が見えてきます。巨大な工場内では、各種シューズの製造、レオタードなどのウエア類の製造のほか、タイツやファンデーション、コスメなど、ほとんどのチャコット製品が管理されています。工場内を見学しながら、チャコットならではのトウシューズの独自製法について伺うとともに、新商品の開発やリニューアルについても聞きました。

チャコットの歴史

1950年	青志社として創業。トウシューズ、バレエシューズの製造販売を開始
1961年	スワンシューズ株式会社を設立。バレエ用品の総合メーカーとしてレオタード、タイツ等の製造を開始
1974年	チャコット株式会社に商号変更
1976年	独自製法である「プレス式カウンター方式」が誕生
1987年	イギリスの老舗ダンスシューズメーカーであるフリード オブ ロンドンを買収
2013年	トウシューズ「チャコット・ワン」発売
2016年	トウシューズ「オデット」発売
2018年	トウシューズ「チャコット ピケ」発売
2020年	米沢唯共同開発トウシューズ「Yui」発売
2021年	トウシューズ「V101」「S101」発売予定

取材に応じてくださった4人の方々に加え、工場内で働く方も一緒に撮影しました。
前列・左と右の女性が、有田さんと片貝さん

チャコットで40年以上活躍されている西澤さんと、英国フリード社で2年近く修行した経験を持つ高野さんに、トウシューズの作り方について教えていただきました。

シューズ課
お話して
くださった方
西澤孝道さん

シューズ課
高野昌幸さん

——トウシューズ部門では何名の方が在籍し、1日何足くらいのトウシューズが作られていますか?

高野さん 私が所属している部門には35名のスタッフが在籍しており、トウシューズだけでなく、バレエシューズやジャズシューズなども含めると、1日あたり400足ほどを製造しています。

——おふたりは入社されて、どのくらい経つのでしょうか?

西澤さん 私は入社して40年、ずっとチャコットに勤めています。最初はレオタード製造部門に配属となり、生地の裁断や縫製を担当してからシューズ課に異動しました。途中、営業職も経験しており、バレエ団やお教室に伺った際、先生方やダンサーの方々からさまざまなリクエストをいただきました。その後、工場に戻ってからは「要望に応えて新しいものが作りたい」と思うようになり、新しいトウ

シューズの開発にも励んできました。

高野さん 私は物作りがしたくてチャコットに入社して20年になります。先輩方に一から教えていただいて、靴一筋です。

——高野さんは英国フリード社に研修も行かれていますよね？

高野さん 8年ほどチャコットで経験を積んでから、2年3カ月ほど、フリード社に研修に行かせていただきました。職人一人ひとりが自分のマークを持ち、組み立てから成形までをひとりで行うので、それぞれ違う仕事のやり方を持っているのが印象的でした。自分のマークに対して誇りを持つ職人から直接学べて、多くのことが吸収できました。

——チャコットのトウシューズのよさは、どんなところにありますか？

西澤さん 創業者が作った「カウンター※」がすべてだと思います。カウンターを使った製法を基本にして、変化を重ねながら時代に合うものを作っていったから、今でも数多くのバレエダンサーから支持していただいているのでしょう。カウンターがあるからこそ、湿度の高い日本でも潰れにくいボックスを作ることができ、安定したクオリティのシューズをバレエダンサーに提供できていると思います。

左が西澤さん、右が高野さん。「職人はみんな、その日の様子を見ながらおのおのが判断できる力を持っています」と、西澤さんは職人たちに信頼を寄せる

——カウンターは創業者によって生み出されたままの方法で、現在も作られているのでしょうか？

西澤さん 基本的に継承しています。ただ「ひれ」と呼ばれる、プレスする前の素材のデザインは、時代に合わせて少しずつ変わっています。あとは時代ごとに調達できない材料もありましたので、最善の形を選びながらやってきました。

——気候に合わせて工夫や調整をされているところはありますか？

高野さん 糊の硬さは季節によって変化しやすいので気を遣いますね。基本となる分量は決まっているのですが、毎日新しい糊を作っているので、前日の状態を見ながら微調整を重ねています。

——すべての工程の中で、特に難しさを感じるところはどこでしょうか？

高野さん 人それぞれだとは思うのですが、私の場合はプリーツを寄せる作業。プリーツが均等に、平らに仕上がっていないと、ア・テールでのグラつきや、ドゥミからオン・ポワントへの移行がスムーズにできなくなってしまうので気を使う部分です。あとは、木型につり込む段階で曲がってしまうと、シューズ自体がまっすぐに仕上がらないので、そこも注意をしています。

西澤さん 職人たちは何げなくやっているように見えても、どの工程も重要なのでとても難しい。トウシューズというのは、全行程が絶妙なバランスで絡み合って仕上がっているのです。

※カウンターとは

チャコットのトウシューズのボックス内部に仕込まれている、カップ状の特殊な型のこと。材質は樹脂がメインだが、素材の組み合わせや形はシューズの種類によって異なり、ほとんどのトウシューズ内に使用されている。

ここからは新しいトウシューズの開発やリニューアルについてもお聞きするため、商品開発に携わっていらっしゃるおふたりにもご参加いただき、開発タイミングや変更ポイントについて教えていただきました。

商品部　マーチャンダイザー
有田美保さん

お話して
くださった方

シューズ課　シューフィッター
片貝喜久代さん

――**最近の新商品として、米沢唯さんと共同開発されたトウシューズが販売されていますね。開発から販売まで、どのくらい時間がかかったのでしょうか？**

有田さん　新型コロナウイルスの影響もあったので、開発には3年くらいかかりました。

――**3年というのは、新商品開発の際のスパンとしては長めでしょうか？**

有田さん　そうですね。目標を決めてスタートしましたが、フィッティングとミーティングを繰り返すなかで出てきた課題点をクリアしていき、納得のいくトウシューズになるまで試行錯誤が続きました。

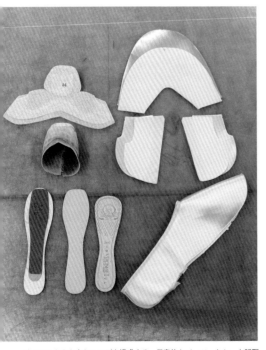

チャコットのトウシューズを構成する、代表的なパーツ。なお、上記写真内では、抜いたばかりの生地と縫製されたもの（アッパー）、カウンターの材料とプレス後のカウンター、それぞれを撮影した

――**いつもどういったタイミングで、新しいトウシューズの開発を始められるのでしょうか？**

有田さん　日々のリサーチやダンサーたちの声をキャッチしながら、ターゲットを決めて試作をスタートさせます。チャコット製のトウシューズで、初めての一足からステップアップしてもらえることを目標にしているので、商品ごとにターゲットとレベルを明確にして、みなさまにご納得いただけるラインナップにすることを目指しています。

片貝さん　開発の際は、どのレベルのダンサーに向けて作るかというターゲットを決めておかないと、ダンサーの求めるものからずれてしまうことがあります。ずれないよう、最初のターゲット決めは大切ですね。

――**どのようなプロセスを経て開発を進められるのでしょうか？**

西澤さん　ダンサーからいただくさまざまなご要望をもとに、開発チームでは「求められているのはこういう感じ」というイメージをまとめます。それを工場側に伝えて、シューズの原型となる木型を作成していきます。

片貝さん　試作品を何度も履いてみて、木型を削ったり足したりしながら調整していきます。

西澤さん　トウシューズの開発は終わりのない作業なんです。さまざまな実験を重ね、フィッティングをして、フィードバックをもらって、また調整して……と、いつまでも100点満点になることはありません。

有田さん　販売した瞬間から、もう次のステップに向けてスタートを切る感じですね。

――**このたび、ベロネーゼⅡとスワンをリニューアルされるとのことですが、変更点を教えてください。**

西澤さん　チャコットのなかでも人気のトウシューズなので、さらに履きやすく、踊りやすくなるよう、足裏のアーチにソールがよりフィットするようにブラッシュアップしました。

――**詳しいお話をありがとうございました。**

初期木型

現在使用中の木型
（時代に合わせて変化している）

次ページから
いよいよ
工場見学です！

チャコットの
トウシューズができるまで

ここからはチャコットのトウシューズの基本的な製法である「カウンター方式」の工程とあわせ、そのほかの製法のプロセスも紹介します。

創業者が生み出し、長く受け継いできた「カウンター」を用いたオリジナルの製法

チャコットのトウシューズのうち9割が、創業者によって創られたカウンターを用いた「プレス成型カウンター方式」で作られています。ボックスの内側にカップ状の特殊な型を仕込むことで、足入れした際になじみやすく、かつ潰れにくいトウシューズが誕生しました。カウンターをはめるため、生地をひっくり返さずに作ります。また、チャコットはすくい縫い専用のミシンを保有しているため、一部のトウシューズではすくい縫いが用いられています。新国立劇場バレエ団の米沢唯さんと共同開発したトウシューズは、すくい縫いとカウンター、両方の製法を合わせて作られています。

チャコットの 1つめ の製法
カウンター方式での作り方

START

裁断（型抜き）

〳抜き型がずらり〵

「頭」と「腰」の2種類のパートに分かれた抜き型が、トウシューズの種類×各サイズ分で、100種類以上が並んでいます。抜いた生地を抜き型に重ねて整理してあります

断裁機に10枚ほど重ねた生地を置き、その上に「抜き型」と呼ばれる型を並べ、上からプレスして型を抜きます。生地の裏地はラミネートされています。チャコットのサテン地は、ロイヤルピンクとヨーロピアンピンクの2種類が基本です

特注の場合は…

特殊なパターンを抜く際はCAD/CAMという自動裁断機を用います。型紙のデータを読み取り、生地の上に再現して自動でカットしてくれる優れもの。ただし、一気に大量の枚数に重ねて裁断ができないため、抜き型がないときのみ使用するそう

縫製（製甲作業）

「頭」と「腰」を合体させて縫い合わせたものを「アッパー」と呼びます。このあと、引き紐を入れながら履き口を縫い、かかとのテープも貼ります。製甲作業は5名の女性が行っているそうです

カウンター作り

カウンターの材料となる「ひれ」と呼ばれるパーツは加熱すると柔らかくなるので、加熱器で表面温度が100℃ほどになるまで温めます

こちらが「ひれ」の部分。材質は樹脂がメインですが、形や素材の組み合わせは、トウシューズの種類ごとに異なります

〳これがカウンター！〵

加熱器から出した「ひれ」を型にはめ、一気にプレスすると「カウンター」のできあがりです

作られたカウンターは重ねられ、トウシューズの種類やサイズごとに並べられます

つり込み

縫製されたアッパーを木型に当てたら、「つり込み」と呼ばれる作業を行います。ここが「底づけ」作業における一連の流れの先頭です

木型に薄い中底をつけて生地をかぶせて仮止めしたら、裏地をペンチで集めてソールに貼りつけます。中心がずれないよう、まっすぐに合わせることが大切です

\ 種類によっては… /

種類によっては、補強のために麻で編んだ布をかぶせてから、さらに糊を塗るものもあります（写真のトウシューズはチャコット ピケ）

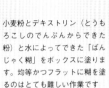

小麦粉とデキストリン（とうもろこしのでんぷんからできた粉）と水によってできた「ばんじゃく糊」をボックスに塗ります。均等かつフラットに糊を塗るのはとても難しい作業です

糊づけ

カウンターをはめる

ペンチを使ってカウンターをかぶせたら、しっかりと叩いてならして固定します

カウンターの上から、ボックス部分に再度、糊を塗ります。糊を塗る位置や幅、量はシューズによって微妙に異なります。それによって、種類ごとの硬さや重さ、軸の位置、ドゥミの通り具合などを微妙にコントロールしています

\ 種類によっては… /

種類によっては、カウンターの上からさらに紙の素材をかぶせることも（写真のトウシューズはチャコット ピケ）

ソール側にもしっかりと接着剤を塗ります。このときも、接着剤は均等にムラなく仕上がるように塗っていきます

しわ取り

プリーツを寄せる

生地にプリーツを寄せてしわを取る「しわ取り」の作業に入ります。木型を固定させ、細身のペンチで生地を引き寄せてプリーツを作っていきます。プリーツの本数が左右同じになるように、そしてプリーツの高さが低くなるように調整しています

仕上げ

ソールにボンドを塗り、皮のアウトソールをつけます。ソールが全体のセンターにくるように配置します

膝の上のクッションに乗せたら、ハンマーを使ってソールからプリーツ部分をならし、さらに表面のボックスの生地もならすことで、中にある糊の偏りを均等に整えていきます。また、プラットフォームが斜めになっていないかも目視で確認し、叩いてバランスを整えます

叩いてならす

乾燥

乾燥室に入れます。種類ごとに糊の量が異なるため、乾燥時間も種類によって変えているそう。2時間半のものもあれば、ひと晩かけて乾燥させるものも。乾燥室の温度は70℃前後

本底ミシン

木型から外して、ソールをプレス機にかけて固定させます。ソールのアーチに沿うように設計されているので、プレスしてもアーチは潰れません。シューズのサイズに合わせて微調整しています

ソールの溝に合わせてミシンをかけて、ソールを縫いつけます。送り歯が四方八方、自在に動く「八方ミシン」を使用しているので、カーブの部分も滑らかに縫うことが可能です。プレスと縫いつけ、あわせて1足あたり1分が目安なので、熟練の技が光ります

＼ シャンクを入れる ／

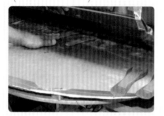

板状のシャンク（インソール）に接着剤を塗り、ヒーターで温めます。ここで塗った接着剤は加熱すると強度が上がるタイプのものです

シューズの底部分にも同じ接着剤を塗ったら、少し乾燥させてからシャンクを入れます

ソールを貼りつけたのと同じプレス機にかけ、プレスします

中敷き入れ

ロゴ入りの中敷きをつけます。上の写真にある機械を通すと、自動的に底の部分に糊が均等につく仕組みになっています。糊が均等なので、履いたときに足裏がゴロゴロしません

リボンつけ

「門止めミシン」を使って、リボンをつけます。リボンを切る位置に自動的に穴が開くように設計されているそう。種類によってはリボンをつけないこともあります

FINISH

チャコットの **3つめ**の製法

チャコットには3つの製法があり、2つは詳細なプロセスで紹介しましたが、第3の製法についても触れておきましょう。3つめの製法では、カウンターを使用しません。数枚の麻布と紙を手で糊づけして重ね、固めてボックス部分を成形します。なお、ソールを縫うときは、すくい縫い用ミシンを使用しています。この製法は、チャコット・ワンなど、ごく一部のトウシューズで使用されています。

貼り合わせる際には、カウンターをはめるときに使用したばんじゃく糊を使います

検品・箱詰め

左右の差がないように組み合わせを考えつつ、余分な糊や汚れが付着していないかをチェック。さらに検針も行ってから、箱詰めします

チャコットの 2つめ の製法

すくい縫いとカウンター方式、2つの製法を組み合わせたもの。すくい縫いをすることで、足裏がなじみやすくなるとともに、カウンターが入っているので潰れにくいという、両方のよさをあわせ持った製法です。これは米沢唯さんとの共同開発の過程で考案されました。

START

ソールに溝をつける

左側が溝すき機にかけて溝をつけたもの

すくい縫いのために必要な機械は2台。こちらはすくい縫いをするために必要な溝をソールにつけるためのもの。このソールは、カウンター製法で使用していたものの倍くらい厚みがあります

すくい縫いをする

針に糸をくるっと巻きつけながら、溝に沿ってチェーンステッチの要領で縫っていく

アッパーをひっくり返し、溝をつけたソールと一緒に木型にはめてつり込んでから、すくい縫いでソールを縫い合わせていきます。現在使用しているすくい縫い用ミシンはすでに生産が中止されているので、細かなパーツを修理する際は金属加工の業者さんにお願いして、似たものを作ってもらっているそう

右側が、すくい縫いでソールを縫い合わせたもの

ひっくり返す

木型から外して、内側に折り込みながらひっくり返します。ソールを縫う糸は、溝に対して縫い込まれているので、表に返しても縫い目が表に出ません

カウンターをはめる

糊を塗ったカウンターの上から、生地をかぶせてカウンターをはめ込みます。しっかりと押して、カウンターを固定します

このあとは
P.43の「仕上げ」に繋がっていきます

私も体験してみました！

「糊づけ」と「仕上げ」の作業を体験させていただきました。糊はピーナッツバターのような粘り気があり、思った以上に均等に塗るのがとても難しいです。ムラをなくそうと何度もハケで調整すると、今度は厚みが出てしまいます。ハンマーを使った仕上げ作業では力のかけ具合も難しく、また凹凸のないように生地をならすために細心の注意を払う必要がありました。職人さんたちの熟練の技があってこそ、私たちは快適に踊ることができているのだと改めて実感しています。

カウンターをつけるため、糊づけしています。もっとも簡単な、プラットフォームの先端のみに糊をつける方法を教わりました（でも難しい……）

ハンマーでプラットフォームを叩いて、平らに調整します。オン・ポワントの安定感に直結するので、非常に気を使うパートです

シューフィッターに聞きました!
使いやすくて便利な
トウシューズアイテム

シルビアとチャコットのシューフィッターのおふたりに、履き心地をもっとよくするためのアイテムをセレクトいただきました! どれも各社オリジナルのトウパット2点&便利なケアアイテムです。履いたときに違和感があるとき、お試しください。

シルビア

シューフィッター・荒川さん (P.48) セレクト

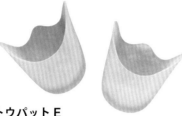

シリコントウパット E

トウシューズを着用した際に生じる、足の痛みを軽減するためのシリコン素材のトウパット。つま先部分にクッション性の厚みがあり、先端を心地よくホールドする。

サイズ：22.0〜26.5cm

エアーフィットトウパット

クロロプレイン素材を用いた柔らかな質感のトウパット。厚みがありながら、ソフトなクッション性で窮屈に感じにくく、初心者の方にも好評。外反母趾、内反小趾までカバーできる。

サイズ：S/M (20.0〜23.0cm) M/L (22.0〜25.5cm)

カスタムフィット

医療用のシリコンを使用した画期的なアイテム。シリコンを手で整形し、トウシューズのボックス内に空いたスペースを適度に埋めることができ、さまざまなトラブルを防止できる。また、入れ方によっては軸位置や体重のかけ方の調整にも役立つ。2個入り。

チャコット

シューフィッター・片貝さん (P.41) セレクト

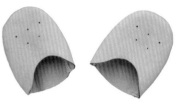

ストレッチジェルトゥパッド（フリーカットタイプ）

ジェルは約1mmの厚みながら、衝撃を吸収し、さらに床も感じやすい。伸縮する素材で適度なフィット感が得られる。縫製部分も含めて、好きな形にカットして使用可能。

サイズ：フリー

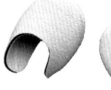

ウィングトゥパッド

サイドと甲側のカットが長く、指の付け根部分までしっかりとサポート。裏側は床を感じやすいよう、短めにカットされている。内側には、抗菌・防臭機能が施されている。

サイズ：S (17.0cm〜21.0cm)、M (21.0cm〜24.0cm)、L (24.0cm〜27.0cm)

小指パッド

ボックス内で、トウシューズと小指の間にできる隙間を埋めるためのパッド。隙間を埋めることで、シューズ内で体重が均等に分散されやすくなる。好きな形にカットして使用可能。4個入り。

サイズ：M、L

※問い合わせ先は P.90 に掲載しています

バレエダンサーやシューフィッターは普段、
どのようなポイントを考慮しながら
足に合うシューズを選び出しているのでしょうか？
「トウシューズ選びのプロ」であるシューフィッターとともに
ダンサーが一足を選び出す様子をレポートします。

プロのダンサー＆シューフィッターが選ぶポイントは？

シルビア横浜店での
フィッティング完全レポート！

「もっと快適に踊りたい」「足の形が変わってきた」「今まで履いていたものが廃番に……」など、さまざまな理由で私たちはトウシューズを探しにお店を訪れます。しかし、自分ひとりで選び出すのは至難の業。プロのダンサーやシューフィッターは、どのようなポイントを考慮しながら"運命の一足"を選び出しているのでしょうか？　牧阿佐美バレヱ団の織山万梨子さん（P.112）が、シューフィッターの助けを借りながら選ぶ様子をレポートします。

シルビア横浜店 店長・シューフィッター
荒川 さん

幼少期からクラシックバレエに親しみ、シルビアに入社。バレエ経験を生かし、シューフィッティングの腕を磨く。2017年4月からシルビア横浜店の店長として勤務。ちなみに、織山万梨子さんとは日本ジュニアバレエに通っていたころの同窓生である。

シルビア横浜店
神奈川県横浜市神奈川区鶴屋町 2-23-2
　　TS プラザビルディング 1F
営　10:00 〜 19:00（木曜定休）
問　045-620-3850
https://www.sylvia.co.jp/location/
yokohama.html
※シューフィッティングは電話での事前予約制

フィッティング前の足診断

初めてフィッティングをする場合、シューフィッターは足の形や足指の長さ、甲の出具合など、素足の状態を確認します。

履いたときの足の形を想定する

トウシューズを選ぶ際に、地面にべたっと足裏をつけて『幅が広いんです』とおっしゃる方がいます。でも、その足の置き方をすると、誰でも幅広に見えてしまいます。実際にトウシューズを履くときは、足裏にアーチができるので、少し足裏が盛り上がります（写真1）。写真2のように、足に合う理想的な形を想定し、それに近い形のシューズをピックアップしています。

タンデュをして甲の状態を確認する

つま先をタンデュしていただき、甲の位置や状態を確認します（写真3）。甲が高い位置で伸びる方なのか、それとも甲が伸び切らない方なのか、また足裏をきちんと使えているかどうかも確認することで、提案する商品が変わってきます。時々、小指側ばかり強く使って足を伸ばそうとして、カマ足になってしまう方がいらっしゃいます。その場合は一度足をゆるめてから、トウシューズを履くために必要なアーチの位置をお伝えしています。

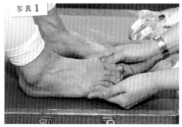

写真1

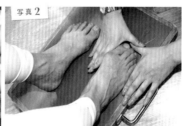

写真2

写真3

フィッティングの際に持っていくとよいもの

○現在履いているトウシューズ
○普段使用しているトウパット
○タイツ（お店によってはレンタルも可）

確認しやすいよう、すそをめくりやすく、ふくらはぎあたりまで足が出る服装が望ましいです。また、プリエをしたり、かがんだりするので、動きやすい装いがよいでしょう。なお、フィッティングの際に足を入れることや、オン・ポワントになることがNGなお店もありますので、事前に確認しておきましょう。

フィッティング基本の流れ＆確認ポイント

以下の流れで、シューフィッターが足の状態を確認します。
痛みや違和感があれば、積極的に伝えていきましょう。
なお、商品をフィッティングする場合、ドゥミ・ポワントになることは NG です。

写真4

ア・テールでプリエする

オン・ポワントの状態を気にされる方が多いのですが、まずア・テールの状態でプリエしていただいたときに痛みなどの違和感がないかが重要です。プリエをするとつま先側に体重がかかりますので、爪や足指の関節が当たって痛くないか、ワイズが狭くて脇を圧迫していないか、かかとに痛みはないかなどをご自身で確認してください。シューフィッター側も、外から見て不自然な点がないかを確認します（写真4・5）。

CHECK!

- □ 爪や足指の関節が当たって痛くないか
- □ 脇が当たって痛くないか
- □ かかとが擦れて痛くないか
- □ 履き口がぴったりと甲に沿っているか

写真5

片足だけ、オン・ポワントにする

片足を立てていただき、ソールが足裏のアーチにフィットしているかを確認します（写真6）。また、インソールがかかとより内側にあるかをチェックします（写真7）。インソールがかかとよりも長いと、シャンクが足裏を適切な位置で押せず、アーチの妨げになります。また、幅が合っていない場合、ソールが左右にずれてしまうので、ワイズのフィット感も確認します。

CHECK!

- □ ソールが足裏のアーチにフィットしているか
- □ インソールがかかとより内側にあるか
- □ インソールが左右にずれていないか

写真6

両足とも、オン・ポワントにする

引き上げた状態で両足ともオン・ポワントに立ち、ヴァンプから足の甲までがなめらかにつながっているかを確認します（写真8）。引き上げ不足だと甲に乗ってしまい、判断が難しくなるので、しっかりと引き上げてください。甲の高さとクラウンの高さが合わないと、履き口から甲が盛り上がってしまい、美しくありません。さらに足の強さに対し、ボックスやシャンクが柔らかすぎる場合、生地にシワが寄るので要確認です。

CHECK!

- □ ヴァンプから足の甲までがなめらかにつながっているか
- □ 正面から見たとき、生地にシワが寄っていないか

写真7

写真8

織山さんの足の特徴診断！

織山さんは足指に均等に体重がかかりやすい、理想的な足をされています。指は長くないので、ヴァンプが長すぎるとドゥミ・ポワントが使いにくいと思います。また、甲に厚みがあるので、甲がつぶされないように、クラウンは高めのシューズがよいでしょう。幅は標準で、商品によっては広めでもよいかもしれません。さらに、普段トウパットを使用されないとのことでしたので、脇をしっかりホールドしてくれるものがよいと思います。以上を踏まえながら、いくつか提案させていただきますね！

織山さんの足の特徴

- ・甲に厚みがある
- ・指の長さは長すぎず、均一
- ・幅は標準〜広め
- ・足裏のアーチが高い

&

- ・トウパットは使用しない

フィッティング
START!

1足目 | グリシコ / マヤⅠプロ

🧑 **荒川**：織山さんはプロのダンサーですし、甲の伸びる美しい足をお持ちです。強い足には海外メーカーのほうが対応しやすいと思います。まずはグリシコのマヤⅠプロから試してみましょう。

👤 **織山**：以前、履いていた時期があります。

🧑 グリシコのトウシューズはボックスの糊づけが硬い分、脇のホールド感がしっかりしているので、トウパットを入れない、またはパットが薄い方でも足をサポートされるのでよいかと思います。

👤 踊り疲れてきたとき、脇のサポートがあったほうが楽です。ただ、私が普段履いているのがフリードなので、久しぶりにグリシコを履くとボックスが硬く感じますね……。今のままだとドゥミ・ポワントが使いにくいかなと思います。

🧑 購入された場合は、履く前に踏んだり揉みほぐしたりしたほうがよいかと思います。両足ともオン・ポワントにしてみてください。

👤 立ったときのフィット感はすごく好きです。床と反発しませんが、かといって沈む感じもない。

🧑 甲もとてもきれいに出ていますね。履き口がV字カットなので、足のラインがシャープに見えます。

グリシコのマヤⅠプロを試着中。履き口に隙間がないかを確認している

引き紐を引かなくても脇に隙間が開かないかもチェックポイント

2足目 | Rクラス / ルビン

🧑 次もロシア製のメーカーで、Rクラスのルビンを試してみてください。さきほどに比べるとプラットフォームが横長で、クラウンの高さは少し低くなります。ボックス内の足あたりが優しいのも特徴です。

👤 足を入れてみますね……なるほど、足なじみがいい！　でも少し足裏がゴロゴロしますね？

🧑 ルビンのソールは、船底のようにやや丸くなっているので、ア・テールだとゴロつく感じがするかもしれません。

👤 ア・テールでアラベスクのパンシェをするときは大変ですね（笑）。

🧑 転がらないように、ソールを削ってフラットにされる方もいるようです。オン・ポワントにするといかがですか？

👤 優しい履き心地です。ソールが足裏に吸いつくので、土踏まずが自然と上がる感覚があります。

🧑 織山さんの甲の出方からミディアムのシャンクを選びましたが、加工せずに履いていただけるかと思います。立つといかがですか？

👤 少しかかとが大きいかも……。

🧑 商品によってはキツキツではないほうがよい場合もありますので、ワンサイズ下げて感触を見てみましょう。

👤 少し小指の側面が当たるかな……さっきのサイズのほうが、ソールがよい位置で足裏に沿っていた気がします。これだと足裏のアーチから少しずれているかも？

🧑 こちらだと甲が押さえつけられてしまって、踊っているうちに圧迫さ

足を立てたとき、足裏のアーチにソールがついているかを確認する

かかとの生地をめくり、インソールがかかとより内側であればOK

ヴァンプから甲が盛り上がらず、スムーズにつながっているのが理想

れてしまうかも。大きいサイズのほうが土踏まずがきれいに出て、スッキリと立っていたように見えますね。

3足目 | Rクラス / エレガンス

🙂 こちらは同じRクラスですが、ソールはフラットです。

🙂 最初に履いたグリシコに近いシルエットですね！足を入れてみます。

🙂 マヤIプロに比べるとクラウンは少し低いのですが、足のラインはきれいに出ていますね！

🙂 ルビンに比べて、こちらのほうが床を感じやすいです。足裏のアーチが自然と上がるので、指の腹やかかとを感じやすいですね。

🙂 立ってパ・ド・ブレしてみてください。

🙂 どこも痛いところはないです。足裏に吸いついてくる感じがして、軽さがあります。こちらのほうが好きです。

🙂 ヴァンプの長さも織山さんの足のラインにきれいにフィットしています。なじませなくても土踏まずにぴたっと沿っていますね。履き口に隙間もありませんし、ヴァンプから甲までのつながりも自然です。

🙂 最初に足を入れたときは、ルビンのほうが履き心地が優しいと感じたのですが、私はこちらのほうが床をしっかり感じられて好き。ソールのゴロゴロ感もありません。ただ、かかとの生地が余っている感じがするのが、ちょっと気になるかな……。

🙂 かかとがのシルエットが大きめなんですよね。

🙂 かかとが三角形というか、丸くないのが気になりますね。

4足目 | Rクラス / RC22

🙂 これはRCシリーズと呼ばれるもので、今まで履いていただいたものより、かかとの生地にハリ感があります。ぜひ足を入れてみてください。

🙂 エレガンスのほうがかかと側の床を感じられたのですが、これはかかとの下に硬さがあって……何か違和感がありますね。

🙂 ソールはフラットなので安定感はあると思うのですが、土踏まずからかかとにかけて少し丸くなっています。

🙂 段のようになっているんですね。う〜ん、私の場合は少しかかとが押される感じがしますね。オン・ポワントになると、いつも立っているところに立ちたいのに、押し戻されてしまう（笑）。

🙂 横から拝見すると、ヴァンプから甲までがまっすぐにつながっていなくて、足裏も浮いてしまっていますね。甲だけが一生懸命に前に出ようとしているのに、シューズがついていけていない。織山さんの足に合うのは、Rクラスの中ではエレガンスかもしれません。

5足目 | メルレ / クロエ

🙂 次はフランス製で、メルレというメーカーになります。ロシア製を履

Rクラスのソールには船底型とフラットなもの、船底型とフラットのミックスなど特徴的な形状がある

Rクラスのルビンを試着中。ソールが足裏に吸いついている位置を確認

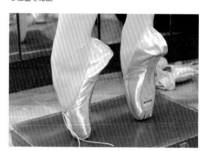

こちらはRクラスのエレガンス。ルビンよりも無理なく足にフィットしている

RクラスのRC22だと、織山さんの場合は甲が乗りすぎて足裏が浮いてしまっていた

メルレのクロエやディーヴァは特殊素材を使用しているため、シャンクのかかと側が簡単にしなりやすい

いている方はよく「ドゥミ・ポワントが使いにくい」とおっしゃいますが、ヨーロッパ製は比較的ドゥミが通りやすい傾向にありますね。

各国の踊りのスタイルに合うようにできていますよね。ヨーロッパの踊り方ほうが、足裏の使い方の美学のようなものを強く感じます。

今回履いていただくのは、クロエという商品です。ポリカーボネイトという、プラスティックのような特殊素材を用いたシャンクが入っていて、かかと部分がくにゃっと曲がります。ですので、土踏まずによくフィットし、足裏が支えられやすいと思います。あとは中を見ていただくと、つま先部分にジェルが入っていて、痛みを軽減してくれます。これは好みによるので、つけても外してもどちらでも。

私はつま先でしっかり床を感じたいので、外してもいいですか？

はい、外した状態で足を入れてみてください。

ア・テールでも足裏を感じやすいですね！　オン・ポワントでも、足裏にソールがしっかり吸いついてくる感じがとてもよいです。これは、つま先を伸ばしたくなるトウシューズですね！

すでに足になじんでいるのが伝わってきます。かかととの大きさも織山さんにぴったりです。

シャンクが特殊素材ということですが、違和感はまったくなく、とても気持ちよく履けます。

つま先に内蔵された、痛みを軽減するためのジェル（取り外し可能）

6足目 ｜ メルレ / ディーヴァ

クロエと対照的なものとして、ディーヴァという商品もご紹介してみますね。ヴァンプが長めなのと、プラットフォームにスウェードチップが貼りつけられています。足を入れて立ってみてください。

足がトウシューズの中に埋もれてしまう感覚があります……。足裏がしっかり使えないので床が押せず、かかとにシワが寄ってしまって、足の可動域に制限がかかる感じがしますね。

ヴァンプが長いので、ドゥミ・ポワントするとき、皮膚に生地が食い込んでしまうかも。これはやめたほうがいいですね。

こちらはトウシューズに足を合わせないといけない感覚がありますが、先ほどのクロエは「気づいたらトウシューズだった」というような、まるで自分の皮膚の一部のような自然さがありました。

メルレのクロエを試着中。足裏に自然に吸いつき、かかとの位置もぴったり

メルレのディーヴァは、つま先に滑り止めのスウェードチップがついている

7足目 ｜ ゲイナー・ミンデン

次は織山さんが以前履いていらしたこともある、ゲイナー・ミンデンです。アメリカ製のトウシューズで、柔軟性のあるプラスティックのような素材が全体的に入っています。今まではアメリカの工場で作られたものが日本で販売されていたのですが、今後はヨーロッパ製に切り替わることになりました。

色も形も違いますね！　ヨーロッパ製は淡いピンクで、形もすっきりしているように感じます。

メルレのディーヴァは、織山さんが履くと沈んで、かかとが余ってしまう

ゲイナー・ミンデン、向かって左がアメリカ製、右がヨーロッパ製

🗨️ 足を入れていただいて、いかがでしょう？

🗨️ 縦のサイズが少しきついかも……。指が浮いている感じがあります。

🗨️ ヨーロッパ製は履き口がフィットするので、しっかりサポートしてくれるのですが、いっぽうで「サイズを上げたほうがちょうどよい」という方もいらっしゃいますね。0.5サイズ上げるといかがでしょう？

🗨️ 縦のサイズは上げたほうがよさそうです。ゲイナーは独特な履き心地ですが、これは普通のポワントに近いかも？

🗨️ 作る場所が変わっただけで、モデルチェンジしたような差がありますよね。ですから、アメリカ製のゲイナーを履いていらっしゃるお客様が初めてヨーロッパ製を購入される際は、できるだけフィッティングにお越しいただいたほうが安心です。

アメリカ製とヨーロッパ製を左右で履き比べ、ソールのしなり具合を確認

8足目 ｜ ギョクチュ・アイクト

🗨️ 最後にお出しするのが、トルコのギョクチュ・アイクトというメーカーのトウシューズです。ゲイナーに近い見た目ですが、ミディアム幅※でもゲイナーよりボックスが大きく、ワイズも広めですね。※ミディアム幅のみの取り扱い

🗨️ ちょっと履いてみます……ア・テールのときからすでに、床から押し上げられる感覚がある。反発してくる感じ。

🗨️ シャンクの柔らかさが変わると、反発感はやわらぐかもしれません。

🗨️ オン・ポワントにしたときはフィット感があって、足に優しいです。立ちたいところにちゃんと立てます。

🗨️ ヨーロッパ製ゲイナーが合わず、ギョクチュ・アイクトのほうが足裏がしなりやすいと変更された方もいらっしゃいますね。

🗨️ 履いたほうがきれいに見えますよね！　かかとの生地がしっかりしているので、そこが履いているうちにどうなじむかは気になるかも……。

🗨️ ゲイナーもギョクチュ・アイクトも、内側と外側の生地がくっついているのが特徴で、硬めなんです。生地がよれないのはメリットなのですが、そこは好み次第かもしれません。

新しくシルビアで取り扱うようになった、ギョクチュ・アイクト（右）

ギョクチュ・アイクトを試着中。硬めの生地だが、ソールがよくしなる

番外編 ｜ シルビア ／ サテントップ、フロリナⅢ、エリス

🗨️ 最後に、子どものころに織山さんも履かれていた、懐かしのサテントップですね。履いてみてください。

🗨️ しっかりした作りで「ここがまっすぐ立つべき場所ですよ」と、トウシューズが教えてくれる感じがします。押し戻されるという意味ではなく、正しい位置に自然と立てる。教育によいシューズですね。

🗨️ サテントップはヴァンプが長めです。でも、海外メーカーに比べて糊が柔らかいので、足になじみやすい。ソールはフラットで足裏が浮くことはなく、自分の体重で押すことを覚えるのに最適です。違うタイプとしては、こちらはフロリナⅢという商品で、ヴァンプが短めです。

🗨️ かかと側が柔らかいんですね。

シルビアのトウシューズ、3種類を履き比べ

織山さんが最終的に選んだTOP3は、こちらの3足

🗣 かかとに向かってシャンクが薄くなっているので、初心者の方でも足
裏をフィットさせて、ポワントに乗る感覚を身につけられます。

🗣 プロのダンサーでも履けるようなものはありますか？

🗣 エリスというシューズがあります。ダンサーの声を元に設計開発され
た、ゴムを使ったシャンクが入っていて、幅広いダンサーさんにお試
しいただきたいと思っています。こちらはいかがでしょうか？

🗣 これが一番、立ったときに足裏のアーチを支えられていると感じます！

ファイナル・ジャッジ

🗣 たくさん履いていただきましたが、最終的にはいかがでしょうか？

🗣 TOP3をつけるとすれば、1番がメルレのクロエ、2番がRクラスの
エレガンス、3番がグリシコのマヤⅠプロですね。

🗣 クロエを履いていただいたときに「つま先を伸ばしたくなる」と言っ
てくださったのが嬉しかったです。

🗣 サポートしてくれるし、フィット感もあるし、自然に履けました。

🗣 TOP2を履き比べてみましょうか？

🗣 （履き比べ後）やっぱりクロエのほうが、足全体と一体感があって、
邪魔されている感じがしません。

🗣 足の指をすべて感じて使っていらっしゃるように見えます。

🗣 今日はよい一足に出会えてよかったです！

🗣 ぜひお稽古やリハーサルで、普段履いていらっしゃるシューズと履き
比べてみてください。

織山さんが1位に選んだのはメルレのクロエ。「つま先を伸ばしたくなる」という言葉通り、すでに履き慣らしたかのように、足になじんでいる

著者によるまとめ

フィッティングの様子を拝見していると、選ぶ際に注意すべきポイントが見えてきました。織山さんが何度も確認していたのが「足裏とソールの関係性」です。足裏にあるアーチをしっかりと使わないと、トウシューズで自由に踊ることはできません。そのために自分のアーチに沿う位置でソールがしなるかを確認しているのが印象的でした。また、荒川さんによる客観的な「見え方」への意見も参考になりました。履き心地はもちろんですが、客席からどう見えるかも大切なポイントです。シューフィッターは、足の特徴に合うシューズを選び出すだけでなく、履く人自身では気づきにくい点もアドバイスしてくれます。フィッティングの重要性を感じました。

 後日談

 メルレのクロエを履いてレッスンしてみました！

フィッティング後、クロエを購入された織山さん。レッスンとリハーサルで何度か履くうちに見えてきた特徴を、後日レポートしてくださいました。

よかった点

○ ソールが薄くてフラットなので、ア・テールのときに床を感じやすくて安定する

○ 足を圧迫せず、長時間履いていても足が痛くならない

○ シワが寄るところがなく、すっきりとした見た目でフィットしている

○ ボックスの内側がしっかり
していて、型崩れしにくい

○ 特殊素材のシャンクが、ルルヴェやジャンプするときに助けてくれる

○ プラットフォームが広いので、オン・ポワント時に安定感がある

○ 音を消す加工をしなくても最初から静か

課題点

○ ボックス部分が足になじみにくく感じた

○ 自分がバランスを取りたい位置と少しずれる感覚がある

○ プラットフォームが広い分、足先が太く見えてしまうかも

○ 3/4シャンクが私の足裏のアーチに微妙に合っていないので、1/2くらいがよさそう

 スタジオで履いて踊ってみたら、いくつか課題点は見つかったのですが、シャンジュマンやシソンヌなど、両足で踏み切るジャンプのときに床を蹴りやすく、空中に早く跳び上がれるのが利点でした。『ラ・シルフィード』などの演目にはピッタリだと感じています！

踊って初めて、フィッティングでは気づけなかった課題が見つかることもありますよね。こうして課題点がクリアになると、次にトウシューズを選ぶ際の指針になります。また次回、今回の課題点を乗り越えられる「理想の一足」を見つけるお手伝いができたら嬉しいです。

写真／本人提供

Part 4 トウシューズの見つけ方

比較的入手しやすいトウシューズを101足集めました。
足の形や指の長さ、甲の高さなど、
さまざまな方が踊りやすい1足を見つけやすいよう
上から、裏から、横から、前から、後ろからの
5方向から各トウシューズを撮影しています。

トウシューズリスト 101

トウシューズにはメーカーごと、種類ごとに、さまざまな個性があります。ここでは上から、裏から、横から、前から、後ろからの5方向から撮影することで、足の形や指の長さ、甲の高さなど、足の個性に合う一足を見つけやすくしました。日本国内で比較的入手しやすいトウシューズを集めましたので、あなたにとっての「運命の一足」が見つかりますように！

〈 本書のリストの見方 〉

01

メーカー名 ─── 〈 R クラス 〉

RC12 ─── 商品名

上から ─── 裏から

前から ─── 横から

後ろから

下部のデータはすべて「商品・情報提供」にあるメーカー・ショップの情報を掲載しています（2021年9月現在）。お店によってはデータが異なる場合があります

ワイズ（幅）は各メーカーの表記に合わせています。なお、幅の細さや広さの表記は、ショップによって異なる場合があります

履き口のカットや、リボン縫いつけ有無、引き紐の種類、色展開、サイズ展開の補足など、特記事項を記載しています

サイズ 22.5〜25.5cm

W2（普通幅）、W3（広幅）

M（ミディアム）

Uカット

サイレント（消音）モデルで、特別な吸音プラットフォームを備えたトウシューズ。プラットフォームに向かって、やや細めに絞り込まれている。クラウンやボックスはミディアム。ソールは自然なアーチ状になっている。

〈商品・情報提供〉ミルバ

日本サイズ（cm）に直して表記しています。ものによって、若干の誤差がある場合があります

シャンク（インソール）の硬さを表しています。あくまで目安ですので、感覚には個人差があります

今回の撮影用に、商品および取扱いの情報を提供してくださったメーカー・ショップ名です

※シューズはメーカーごとに、五十音順に並べています
※トウシューズ各部の名称は P.18 に掲載しています
※同じメーカー内でも、シューズによってはサイズやワイズなどの表記が異なる場合があります
※商品・情報提供店の店舗や時期によって取扱い状況が異なる場合がありますので、ご購入の際はお問い合わせください（ショップリストは P.90 へ）

01

〈 R クラス 〉

RC12

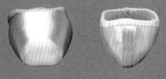

サイズ 22.5〜25.5cm

ワイズ W2（普通幅）、W3（広幅）

シャンクの硬さ M（ミディアム）

その他 Uカット

サイレント（消音）モデルで、特別な吸音プラットフォームを備えたトウシューズ。プラットフォームに向かって、やや細めに絞り込まれている。クラウンやボックスはミディアム。ソールは自然なアーチ状になっている。

〈商品・情報提供〉ミルバ

〈Rクラス〉

RC22

〈Rクラス〉

RC32

〈Rクラス〉

RC34

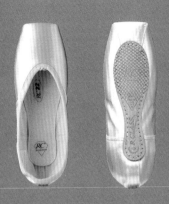

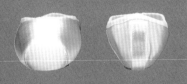

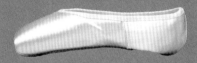

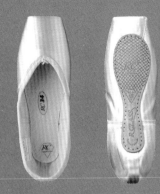

サイズ **22.5〜26.0cm**

ワイズ **W2**（普通幅）、**W3**（広幅）

シャンク
の硬さ **M**（ミディアム）

その他 **U カット**

サイレント（消音）モデルで、特別な吸音プラットフォームを備えたトウシューズ。ソールの前側にプリーツがないので、床と接したときに安定感がある。内側と外側のソールを縫い合わせることで強度を上げている。

〈商品・情報提供〉シルビア

サイズ **22.5〜25.5cm**

ワイズ **W2**（普通幅）、**W3**（広幅）

シャンク
の硬さ **M**（ミディアム）

その他 **U カット**

サイレント（消音）モデルで、特別な吸音プラットフォームを備えたトウシューズ。プラットフォームはやや広めで、クラウンはやや高め、ボックスは大きめにできているので安定性が高い。ソールは自然なアーチ状になっている。

〈商品・情報提供〉ミルバ

サイズ **22.5〜26.0cm**

ワイズ **W2**（普通幅）、**W3**（広幅）

シャンク
の硬さ **M**（ミディアム）

その他 **U カット**

特別な作りで軽量化されたボックスのトウシューズ。プリーツがないので、床と接したときに安定感がある。ワイドヒールがかかとをしっかりと包み込む。自然なアーチ状のソールを包囲したステッチにより、耐久性が高い。

〈商品・情報提供〉シルビア

※サイズ、ワイズ、シャンクは商品・情報提供店で取り扱っているものを掲載しています（2021年9月現在）。
掲載されている以外のサイズ、ワイズ、シャンクでも特注や取り寄せができる場合があります。各店にお問い合わせください

05

〈Rクラス〉

RC37

サイズ **22.5〜25.5cm**

ワイズ **W2（普通幅）、W3（広幅）**

シャンク
の硬さ **M（ミディアム）**

その他 **U カット**

プラットフォームに人口皮革を使用し、補強したことで耐久性に優れたモデル。やや広めのトウ先なので、オン・ポワント時に安定しやすい。クラウンはやや高め、ボックスは大きめの仕上がりで安定感がある。ソールはアーチ状。

〈商品・情報提供〉ミルバ

06

〈Rクラス〉

アルマッズ

サイズ **22.0〜26.5cm**

ワイズ **W2（普通幅）、W3（広幅）**

シャンク
の硬さ **FS（フレキシブルソフト）**

その他 **V カット**

軽量のスクエア型のボックスを使用。プリーツがないので、床と接したときに安定感がある。ソールに滑りにくい素材を使用している。受注生産で幅の変更（W1・W4）とシャンクの変更（フレキシブルミディアム・ハード）が可能。

〈商品・情報提供〉シルビア

07

〈Rクラス〉

アンコール

サイズ **21.0〜26.0cm**

ワイズ **W1（細幅）、W2（普通幅）、
W3（広幅）**

シャンク
の硬さ **FS（フレキシブルソフト）、
FM（フレキシブルミディアム）**

その他 **U カット、W1 は FS のみ**

「エレガンス」をベースに改良されたシューズ。クラウンが低めなので、甲が低めの方でもフィットしやすい。ソールは自然なアーチ状になっており、足裏を使いやすく、足先のラインを美しく見せることができる。

〈商品・情報提供〉ミルバ

※サイズ、ワイズ、シャンクは商品・情報提供店で取り扱っているものを掲載しています（2021年9月現在）。
掲載されている以外のサイズ、ワイズ、シャンクでも特注や取り寄せができる場合があります。各店にお問い合わせください

08

〈Rクラス〉

エレガンス

サイズ 22.0〜26.5cm

ワイズ W2（普通幅）、W3（広幅）

シャンクの硬さ MF（ミディアムフレキシブル）

その他 Vカット、引き紐なし

伝統的なロシアンスタイルの一足。自然なアーチにより、足先のラインを美しく見せられる。ボックスは「ドルチェ」よりやや細め。受注生産で幅の変更（W1・W4）とシャンクの変更（スーパーソフトからスーパーハードまで7種類）が可能。

〈商品・情報提供〉シルビア

09

〈Rクラス〉

ドルチェ

サイズ 22.0〜26.5cm

ワイズ W2（普通幅）、W3（広幅）

シャンクの硬さ MF（ミディアムフレキシブル）

その他 Vカット、引き紐なし

伝統的なロシアンスタイルで、多くのダンサーに愛されているモデル。トウ先もボックスも広めで安定感がある。受注生産で幅の変更（W1・W4）とシャンクの変更（スーパーソフトからスーパーハードまで7種類）が可能。

〈商品・情報提供〉シルビア

10

〈Rクラス〉

ブラーバ

サイズ 22.0〜26.0cm

ワイズ W2（普通幅）、W3（広幅）

シャンクの硬さ FS（フレキシブルソフト）、FM（フレキシブルミディアム）

その他 Uカット

クラウンが低めなので、甲が低い方でも履きやすいトウシューズ。プラットフォームは広めで、オン・ポイント時に安定しやすい。ソールは自然なアーチ状になっており、足先のラインを美しく見せることができる。

〈商品・情報提供〉ミルバ

11

〈 R クラス 〉

ポレット

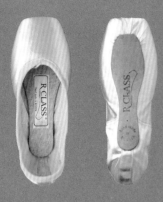

サイズ	22.0〜26.0cm
ワイズ	W1（細幅）、W2（普通幅）、W3（広幅）
シャンクの硬さ	MF（ミディアムフレキシブル）HF（ハードフレキシブル）
その他	Uカット、W1はMFのみ

標準的な大きさのボックスで、履いたときに快適な広さがあり、幅の広いダンサーが履きやすい作りになっているため、やや広めの幅の方にも合いやすい。クラウンの高さも標準的。ソールの作りはフラットなので安定感がある。

〈商品・情報提供〉ミルバ

12

〈 R クラス 〉

ルビン

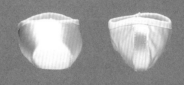

サイズ	22.0〜26.5cm
ワイズ	W2（普通幅）、W3（広幅）
シャンクの硬さ	FS（フレキシブルソフト）、FM（フレキシブルミディアム）
その他	Uカット

3/4シャンク（FSの場合は1/2シャンク）と自然なアーチによって、ア・テールからオン・ポワントへの移行がスムーズに。トウ先もボックスも広めなので安定感がある。受注生産で幅の変更（W1・W4）とシャンクの変更（ハード）が可能。

〈商品・情報提供〉シルビア

13

〈 アビニヨン 〉

ノーマーク

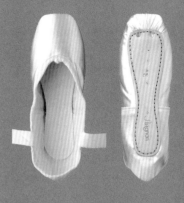

サイズ	19.0〜26.5cm
ワイズ	C（細幅）、D（普通幅）、E（幅広）EE・EEE（特注幅広）
シャンクの硬さ	普通（硬めの「ジャンヌ」もある）
その他	Uカット、リボンつき、カラーはピンクとサーモンの2色展開

3つのマーク（型）のうち、ノーマークは中間の基準となる型。土踏まずのアーチにフィットしやすい3/4シャンクで、プラットフォームが広くて安定感がある。足の強い人向けにハードソールの「ジャンヌ」もある。

〈商品・情報提供〉アビニヨン

※サイズ、ワイズ、シャンクは商品・情報提供店で取り扱っているものを掲載しています（2021年9月現在）。
掲載されている以外のサイズ、ワイズ、シャンクでも特注や取り寄せができる場合があります。各店にお問い合わせください

14

〈アビニヨン〉

マークN

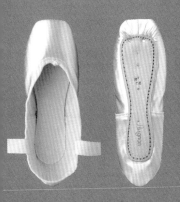

サイズ	23.0〜25.5cm
ワイズ	D（普通幅）、E（幅広）
シャンクの硬さ	普通（硬めの「ジャンヌ」もある）
その他	Uカット、リボンつき、カラーはピンクとサーモンの2色展開

3つのマーク（型）のうち、マークNは全体的に太めのシルエット。土踏まずのアーチにフィットしやすい3/4シャンクで、プラットフォームが広くて安定感がある。足の強い人向けにハードソールの「ジャンヌ」もある。

〈商品・情報提供〉アビニヨン

〈アビニヨン〉

マークK

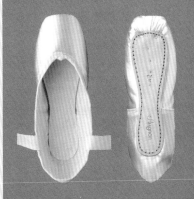

サイズ	19.0〜26.5cm
ワイズ	C（細幅）、D（普通幅）、E（幅広）
シャンクの硬さ	普通（硬めの「ジャンヌ」もある）
その他	Uカット、リボンつき、カラーはピンクとサーモンの2色展開

3つのマーク（型）のうち、マークKは全体的に細めのシルエット。土踏まずのアーチにフィットしやすい3/4シャンクで、プラットフォームが広くて安定感がある。足の強い人向けにハードソールの「ジャンヌ」もある。

〈商品・情報提供〉アビニヨン

16

〈ウエアモア〉

オメガ

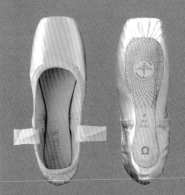

サイズ	22.8〜25.8cm
ワイズ	XX（広幅）
シャンクの硬さ	RH1/2
その他	Uカット、引き紐なし

トウ先にシリコンジェルパットが内蔵されており、つま先のあたりがソフト。インソールとヒール内側にはマイクロファイバー素材が使用され、シューズ内で足が滑りにくい。履き口はストレッチ素材で伸縮性がある。1/2シャンク。

〈商品・情報提供〉シルビア

17

〈 カペジオ 〉

アヴァ

サイズ　22.5〜26.5cm

ワイズ　N（細幅）、M（普通幅）、
　　　　W（広幅）

シャンク
の硬さ　2.5（やや柔らかめ〜普通）

その他　Uカット

広いプラットフォームが特徴。や
や柔らかいソフトシャンクで、
ソールにはカーブがついているの
で立ちやすく、安定感がある。ソー
ルの柔らかさとアーチによって甲
を出しやすい。つま先に衝撃吸収
のためのクッション入り。

〈商品・情報提供〉ミルバ

18

〈 カペジオ 〉

エアレス

サイズ　22.0〜26.0cm

ワイズ　W（広幅）

シャンク
の硬さ　5.5（硬め）

その他　Uカット

「カンブレ」に比べてトウ先が細
く、シャンクが硬め。ワイズから
トウ先に向けて細く絞り込まれて
いるため、足幅の広い方でもシル
エットが美しい。長めのヴァンプ
がしっかりと甲を支える。薄めの
レザーソールで床を感じやすい。

〈商品・情報提供〉シルビア

19

〈 カペジオ 〉

カイリー

サイズ　22.0〜26.0cm

ワイズ　W（広幅）

シャンク
の硬さ　1（柔らかめ）

その他　Uカット

シャンクが柔らかいので、初心者
でも履きやすいトウシューズ。ク
ラウンが低めにできているので、
甲の低い方もフィット感を得やす
い。中敷きに滑り止め効果のある
スエード調ライニングを使用して
いる。

〈商品・情報提供〉シルビア

※サイズ、ワイズ、シャンクは商品・情報提供店で取り扱っているものを掲載しています（2021年9月現在）。
　掲載されている以外のサイズ、ワイズ、シャンクでも特注や取り寄せができる場合があります。各店にお問い合わせください

20

〈カペジオ〉

カンブレ

サイズ　22.0〜26.0cm

ワイズ　W（広幅）

シャンク
の硬さ　3（標準）

その他　Uカット

ボックスは平べったく、ヴァンプは長めなので、甲が低めで足指の長い方向き。プラットフォームは楕円形で安定感に優れている。硬めだが1/2シャンクなので甲が出しやすく、ソールが足裏にフィットしやすい。

〈商品・情報提供〉シルビア

21

〈カペジオ〉

コンテンポラ

サイズ　22.5〜26.0cm

ワイズ　C（細幅）、D（標準）、E（広幅）

シャンク
の硬さ　2（やや柔らかめ）

その他　Uカット

ボックスやプラットフォームは広めで安定感があり、あらゆるレベルのダンサーに合うロングセラー商品。シャンクは柔らかめで足になじみやすく、ヴァンプもほどよい長さで、ドゥミ・ポワントも通りやすい。

〈商品・情報提供〉シルビア

22

〈カペジオ〉

フェニックス

サイズ　22.0〜26.0cm

ワイズ　W（広幅）

シャンク
の硬さ　2（やや柔らかめ）

その他　Uカット

トウ先の内側に内蔵されたジェルパットが、つま先の痛みや衝撃を軽減。広めのプラットフォームと1/2シャンクでオン・ポワント時の安定感がよい。ソールがフラットに作られているので、ア・テール時の安定感も抜群。

〈商品・情報提供〉シルビア

23

〈ギャンバ〉

ギャンバ 93

サイズ　22.5〜25.5cm

ワイズ　X（標準）、XX（広幅）

シャンク
の硬さ　普通

その他　Vカット

フラットなボックスが足をしっかりとサポートする、安定性に優れた一足。履き口がVカットなので、足が美しく見える。受注生産でサイズの注文（2、2.5、6.5〜8 ※8は特注料金が必要）と幅の変更（XXX極広幅）が可能。

〈商品・情報提供〉シルビア

24

〈ギャンバ〉

ギャンバ 97

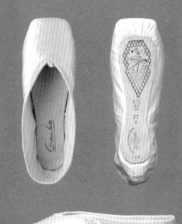

サイズ　22.5〜25.5cm

ワイズ　X（標準）、XX（広幅）

シャンク
の硬さ　普通

その他　Vカット

シューズの型は「ギャンバ93」と同じだが、3/4シャンクを使用しているため、甲が低めの方も足のラインが美しく出やすい。受注生産でサイズの注文（2、2.5、6.5〜8 ※8は特注料金が必要）と幅の変更（XXX極広幅）が可能。

〈商品・情報提供〉シルビア

25

〈ギョクチュ・アイクト〉

ギョクチュ・アイクト

サイズ　23.0〜25.5cm
※サイズ10、10.5は特注

ワイズ　M（ミディアム）

シャンク
の硬さ　F2（やや柔らかめ）、F3（柔らかめ）
※H、M、F1、F4は特注

その他　Uカット、引き紐がゴム

トルコのメーカーによるトゥシューズ。ボックスが大きく、ワイズもプラットフォームも広めなので安定感がある。内側はクッションが入っているので、足あたりが優しい。内側と外側の生地がくっついているのでシワが寄りにくい。

〈商品・情報提供〉シルビア

※サイズ、ワイズ、シャンクは商品・情報提供店で取り扱っているものを掲載しています（2021年9月現在）。
掲載されている以外のサイズ、ワイズ、シャンクでも特注や取り寄せができる場合があります。各店にお問い合わせください

26

〈グリシコ〉

エリート

サイズ **22.0〜25.0cm**

ワイズ X（細幅）、XX（やや細幅〜標準）、XXX（標準〜広幅）、XXXX（広幅）

シャンクの硬さ **M**（ミディアム）

その他 Uカット、引き紐がゴム、上記以外にもサイズ、ワイズ展開あり

グリシコ製の中で、足幅がもっとも広く作られている。プラットフォームも広いので、ポワント時の安定感が抜群。ヴァンプは短め。足幅が広く、足指の長さがそろっているスクエア型の足の方が履きやすいトウシューズ。

〈商品・情報提供〉グランプランニング

〈グリシコ〉

3007

サイズ **22.0〜25.0cm**

ワイズ X（細幅）、XX（やや細幅〜標準）、XXX（標準〜広幅）、XXXX（広幅）

シャンクの硬さ **M**（ミディアム）

その他 Uカット、引き紐がゴム、上記以外にもサイズ、ワイズ展開あり

「2007」の形をベースに作られたトウシューズ。シャンクがよくしなり、簡単にロールアップできるので、ドゥミ・ポワントへの移行がスムーズ。かかと部分にはマイクロファイバーの滑り止めがついていて脱げにくい。

〈商品・情報提供〉グランプランニング

28

〈グリシコ〉

スマートポワント

サイズ **22.0〜25.0cm**

ワイズ X（細幅）、XX（やや細幅〜標準）、XXX（標準〜広幅）、XXXX（広幅）

シャンクの硬さ **M**（ミディアム）

その他 Uカット、引き紐がゴム、上記以外にもサイズ、ワイズ展開あり

かかとが浅めで、3/4シャンクが足裏にフィットするので、甲のラインが美しい。スムーズなロールアップが可能で、ポワントへの移行がスムーズ。かかと部分にはマイクロファイバーの滑り止めがついていて脱げにくい。

〈商品・情報提供〉グランプランニング

〈グリシコ〉

トライアンフ

サ イ ズ **21.5〜26.0cm**

ワイズ X（細幅）、XX（やや細幅〜標準）、XXX（標準〜広幅）、XXXX（広幅）

シャンクの硬さ M（ミディアム）、H（ハード）

その他 Uカット、引き紐がゴム、上記以外にもサイズ、ワイズ展開あり

「フェッテ」の改良型として作られたトウシューズ。フェッテよりも、プラットフォームやワイズが広めで安定感がある。シャンクは柔らかめでロールアップしやすいので、ドゥミ・ポワントへの移行がスムーズ。

〈商品・情報提供〉グランプランニング

〈グリシコ〉

ドリームポアント

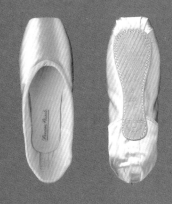

サ イ ズ **22.5〜25.5cm**

ワイズ X（細幅）、XX（やや細幅〜標準）、XXX（標準〜広幅）、XXXX（広幅）

シャンクの硬さ MF（ミディアムフレックス）

その他 Uカット、引き紐がゴム、上記以外にもサイズ、ワイズ展開あり

「2007」をベースに改良した第3世代のシューズ。サーモプラスティックのインソールを使用し、ソールの耐久性に優れている。プラットフォームの内部はビロード状毛が敷かれ、消音効果のパッドが内蔵されているため足に優しい。

〈商品・情報提供〉グランプランニング

〈グリシコ〉

ドリームポアント2007

サ イ ズ **22.5〜25.5cm**

ワイズ X（細幅）、XX（やや細幅〜標準）、XXX（標準〜広幅）、XXXX（広幅）

シャンクの硬さ MF（ミディアムフレックス）

その他 Uカット、引き紐がゴム、上記以外にもサイズ、ワイズ展開あり

「2007」をベースにし、シャンクがアーチ状になっているのが特徴。サーモプラスティックのインソールを使用したため、ソールの耐久性に優れている。プラットフォームの内部はビロード状毛が敷かれ、消音効果のパッドが内蔵されている。

〈商品・情報提供〉グランプランニング

※サイズ、ワイズ、シャンクは商品・情報提供店で取り扱っているものを掲載しています（2021年9月現在）。
掲載されている以外のサイズ、ワイズ、シャンクでも特注や取り寄せができる場合があります。各店にお問い合わせください

32

〈グリシコ〉

2007

サイズ　21.5～26.0cm

ワイズ　XX（やや細幅～標準）、
　　　　XXX（標準～広幅）

シャンク
の硬さ　M（ミディアム）

その他　Uカット、引き紐がゴム、
　　　　上記以外にもサイズ、ワイズ展開あり

さまざまな足のタイプの方に対応
する作りで、理想的なシューズ構
造が足を正しいポジションへと導
き、親指の付け根にかかる負担も
軽減する。クラウンが低いため、
甲が低めの方にもフィットしやす
いトウシューズである。

〈商品・情報提供〉シルビア

33

〈グリシコ〉

2007プロ

サイズ　22.5～25.0cm

ワイズ　XX（やや細幅～標準）、
　　　　XXX（標準～広幅）

シャンク
の硬さ　M（ミディアム）

その他　Uカット、引き紐がゴム、
　　　　上記以外にもサイズ、ワイズ展開あり

「2007」に消音材を加えた「プロ」
仕様。トウ先に消音材が入ってお
り、音が軽減される。基本的な型
は「2007」と同じで、理想的な
シューズ構造をしており、足を正
しいポジションへと導いてくれる
一足である。

〈商品・情報提供〉シルビア

34

〈グリシコ〉

2007プロフレックス

サイズ　21.5～26.0cm

ワイズ　XX（やや細幅～標準）、
　　　　XXX（標準～広幅）

シャンク
の硬さ　M（ミディアム）より
　　　　やや柔らかめ

その他　Uカット、引き紐がゴム、
　　　　上記以外にもサイズ、ワイズ展開あり

「2007」に消音材と伸縮インナー
を加えたのが「プロフレックス」
仕様。トウ先に消音材が入ってい
るのに加え、ソールは柔らかめに
できており、しなりやすい。基本
的な型は「2007」と同じで、理想
的なシューズ構造をしている。

〈商品・情報提供〉シルビア

35

〈グリシコ〉

ノヴァ 2007

サイズ	22.5〜25.5cm
ワイズ	X（細幅）、XX（やや細幅〜標準）、XXX（標準〜広幅）、XXXX（広幅）
シャンクの硬さ	S（ソフト）、M（ミディアム）、H（ハード）
その他	Uカット、引き紐がゴム、上記以外にもサイズ、ワイズ展開あり

「2007」を改良し、トウ部分の消音性と耐久性をアップ。プラットフォームが広めで、安定感がある。ボックスとソールの柔軟性と耐久性が強化され、よくしなるので足裏にフィットしやすい。接着剤の変更で軽量化も実現した。

〈商品・情報提供〉グランプランニング

36

〈グリシコ〉

フェッテ

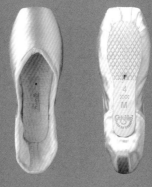

サイズ	21.5〜26.0cm
ワイズ	XX（やや細幅〜標準）、XXX（標準〜広幅）
シャンクの硬さ	M（ミディアム）
その他	Vカット、引き紐がゴム、上記以外にもサイズ、ワイズ展開あり

ヴァンプが短めのVカットなので甲がきれいに出やすい。プラットフォームが楕円形で広く、ボックスが硬めなので、オン・ポワント時に安定感があり、耐久性も高い。「プロ」「プロフレックス」仕様も特注品として注文可能。

〈商品・情報提供〉シルビア

37

〈グリシコ〉

マヤI

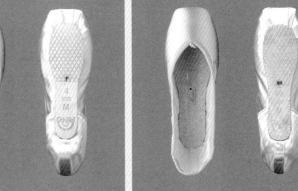

サイズ	21.5〜26.0cm
ワイズ	XX（やや細幅〜標準）、XXX（標準〜広幅）
シャンクの硬さ	M（ミディアム）
その他	Vカット、引き紐がゴム、上記以外にもサイズ、ワイズ展開あり

「フェッテ」の形をベースに作られ、軽さと柔軟性がプラスされている。足裏にフィットしやすい。V-シェイプのヴァンプは短めで、足指が短い人でも甲が出やすい。「プロ」仕様もある。「プロフレックス」は特注。

〈商品・情報提供〉シルビア

※サイズ、ワイズ、シャンクは商品・情報提供店で取り扱っているものを掲載しています（2021年9月現在）。
掲載されている以外のサイズ、ワイズ、シャンクでも特注や取り寄せができる場合があります。各店にお問い合わせください

38

〈グリシコ〉

マヤⅡ

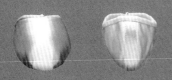

サイズ　21.5〜26.0cm

ワイズ　XXX（標準〜広幅）、
XXXX（広幅）

シャンク
の硬さ　M（ミディアム）

その他　Vカット、引き紐がゴム、
上記以外にもサイズ、ワイズ展開あり

「ワガノワ」の形をベースに作られたシューズ。足裏にフィットしやすい。ヴァンプが長めなので、足指の長い人によく合う。ワイズが狭い作りなので、足幅の狭い人におすすめ。軽く、柔軟性がある。アウトソールはスウェード素材。

〈商品・情報提供〉シルビア

39

〈グリシコ〉

ミラクル

サイズ　21.0〜26.0cm

ワイズ　X（細幅）、XX（やや細幅〜標準）、XXX（標準
〜広幅）、XXXX（広幅）、XXXXX（極広幅）

シャンク
の硬さ　LH（ライトハード）

その他　Uカット、引き紐がゴム、
上記以外にもサイズ、ワイズ展開あり

「2007」をベースに作られ、約15%の軽量化、約30%の消音化を実現したシューズ。2007に比べてかかとが低いので、かかと部分がフィットしやすい。新開発の接着剤により、形状記憶が進化したため、ソールの折り曲げが不要。

〈商品・情報提供〉グランプランニング

40

〈グリシコ〉

ワガノワ

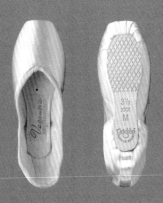

サイズ　21.5〜26.0cm

ワイズ　X（細幅）、XX（やや細幅〜標準）、
XXX（標準〜広幅）、XXXX（広幅）

シャンク
の硬さ　M（ミディアム）、H（ハード）

その他　Vカット、引き紐がゴム、
上記以外にもサイズ、ワイズ展開あり

ヴァンプが長い作りになっているので、足指の長い方も履きやすいデザイン。ワイズが狭い作りなので、足幅の狭い人におすすめ。オン・ポワント時の美しさに定評があり、足裏のアーチや甲を美しく見せてくれる。

〈商品・情報提供〉グランプランニング

41

〈ゲイナー・ミンデン〉

クラシックフィット

サイズ	22.5〜25.5cm ※サイズ 6、10、10.5 は特注
ワイズ	N（細幅）、M（標準）、W（広幅）
シャンクの硬さ	P（ピアニッシモ）、F（フェザー）、S（スーパー）、X（エクストラ）
その他	Uカット、引き紐がゴム、Hシャンクは特注、シャンクの硬さによって扱う幅は異なる

シャンクとボックスに熱可塑性エラストマー素材を用いており、潰れにくく、型崩れしにくい。プラットフォームは広めで安定感があり、トウ先には消音加工、内部には衝撃吸収材を使用。クラシックフィットはレギュラーの型。

〈商品・情報提供〉シルビア

42

〈ゲイナー・ミンデン〉

スカルプテッドフィット

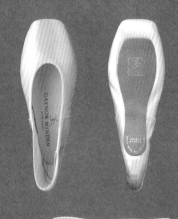

サイズ	23.0〜25.0cm ※サイズ 6、6.5、9.5、10、10.5 は特注
ワイズ	M（標準）
シャンクの硬さ	S（スーパー）※その他のシャンクは受注生産
その他	Uカット、引き紐がゴム

クラシックフィットを履いてア・テールをした際に、土踏まずの横が開いてしまう方や、スリークフィットではかかと部分（または土踏まずからかかと）のフィット感が悪い方に適している型。素材はクラシックフィットと同じ。

〈商品・情報提供〉シルビア

43

〈ゲイナー・ミンデン〉

スリークフィット

サイズ	23.0〜26.5cm
ワイズ	M（標準）、W（広幅）
シャンクの硬さ	S（スーパー）※その他のシャンクは受注生産
その他	Uカット、引き紐がゴム

かかとが細い方に適した型。ボックスはフィットするのに、かかとや土踏まずに余裕がありすぎて生地が余ってしまうなどの悩みがある方におすすめ。通常よりも0.5サイズ大きいものがベター。素材はクラシックフィットと同じ。

〈商品・情報提供〉シルビア

※サイズ、ワイズ、シャンクは商品・情報提供店で取り扱っているものを掲載しています（2021年9月現在）。掲載されている以外のサイズ、ワイズ、シャンクでも特注や取り寄せができる場合があります。各店にお問い合わせください

〈サフォーク〉

ソロ

サイズ	22.4〜26.0cm
ワイズ	XN（細幅）、X（普通幅）、XXN（普通幅〜広幅の間）、XX（広幅）、XXXN（広幅〜特広幅の間）、XXX（特広幅）
シャンクの硬さ	ライト（柔らかめ）、スタンダード（普通）
その他	Uカット

英国フリード社の名職人が独立して設立したブランド。独自の機能によって、正しい姿勢でのポワントワークをサポートし、安定感が非常に高い。耐久性にも優れている。ヴァンプは短めで、ドゥミ・ポワントが通りやすい。

〈商品・情報提供〉ミルバ

〈サンシャ〉

エチュード

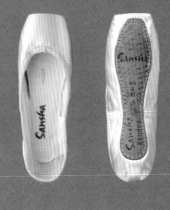

サイズ	22.0〜26.0cm
ワイズ	N（細幅）、M（普通幅）、N（広幅）
シャンクの硬さ	ミディアム
その他	Uカット、足首ゴム（片足）縫いつけ済

バランスの取りやすい幅広のスクエアボックス。ヴァンプが短いので、指の短い方でもドゥミ・ポワントが通りやすい。サイドのあたりが柔らかく、さらに3/4シャンクなので足にフィットしやすい。トウ先に消音材入り。

〈商品・情報提供〉グラン・パ・ド・ドゥ

〈サンシャ〉

F.R Duval

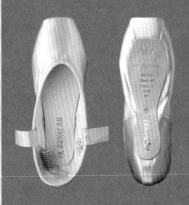

サイズ	22.5〜24.5cm
ワイズ	M（普通幅）、W（広幅）
シャンクの硬さ	レギュラー、ストロング、Xストロング
その他	Uカット、リボンつき、足首ゴム（片側）縫いつけ済

3/4シャンクで、ソールはアーチ状になっているので、足裏に自然にフィットしやすい。トウ先にクッションが入っており、つま先の負担が軽減される。引き紐の結び目が土踏まずのサイドについているので甲に当たらない。

〈商品・情報提供〉ドゥッシュドゥッスゥ

47

〈シルビア〉

エリス

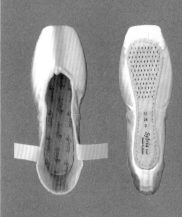

サイズ	22.0〜26.0cm
ワイズ	C（細幅）、D（標準）、E（広幅）
シャンクの硬さ	やや硬め
その他	Vカット、リボンつき

ダンサーの声をもとに設計・開発された3/4シャンクと「マイセシオン」の木型を組み合わせて作られた。包み込むようなフォルムで安定感があり、オン・ポワント時にアーチが高い位置にくるように設計されており、足先が美しく見える。

〈商品・情報提供〉シルビア

48

〈シルビア〉

サテントップ

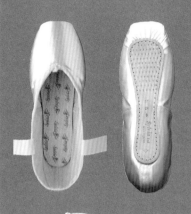

サイズ	17.0〜27.0cm
ワイズ	B（極細幅）、C（細幅）、D（標準）、E（広幅）※サイズにより制限あり
シャンクの硬さ	やや柔らかめ
その他	Uカット、リボンつき、基本はロシアンピンクだがユーロピンクとピンクも受注生産あり

シルビアの定番品。ソフトな履き心地のボックスは足なじみがよく、ほどよい硬さのシャンクと楕円形のプラットフォームで安定感がある。EEE幅まで特注が可能。プラットフォームにレザーを貼った「レザートップ」もある。

〈商品・情報提供〉シルビア

49

〈シルビア〉

チェリー

サイズ	17.0〜27.0cm
ワイズ	B（極細幅）、C（細幅）、D（標準）、E（広幅）※サイズにより制限あり
シャンクの硬さ	普通
その他	Uカット、リボンつき

「ネオチェリー」と同じ木型を使用し、ソフトな履き心地のボックスはそのままに、シャンクを強化させたモデル。天然革を使用したシャンクは足に優しく、楕円形のプラットフォームで安定感がある。EEE幅まで特注が可能。

〈商品・情報提供〉シルビア

※サイズ、ワイズ、シャンクは商品・情報提供店で取り扱っているものを掲載しています（2021年9月現在）。
掲載されている以外のサイズ、ワイズ、シャンクでも特注や取り寄せができる場合があります。各店にお問い合わせください

50

〈シルビア〉

ネオチェリー

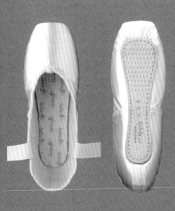

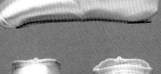

サイズ **17.0 〜 27.0cm**

ワイズ **B（極細幅）、C（細幅）、D（標準）、E（広幅）** ※サイズにより制限あり

シャンクの硬さ **柔らかめ**

その他 Uカット、リボンつき、基本はロシアンピンクだがユーロピンクとピンクも受注生産あり

かかと部分を薄くしたシャンクを使用しているので、土踏まずにフィットしやすい。ソフトな履き心地のボックスはなじみやすく、足が弱くても甲を出しやすいので、初心者にも最適。EEE幅まで特注が可能。

〈商品・情報提供〉シルビア

51

〈シルビア〉

フィオレット

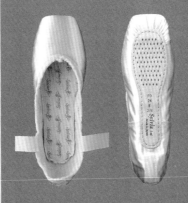

サイズ **21.0 〜 27.0cm**

ワイズ **D（標準）、E（広幅）**

シャンクの硬さ **3/4シャンクとフルシャンクの2種類あり**

その他 Uカット、リボンつき、基本はロシアンピンクだがユーロピンクとピンクも受注生産あり

クラウンを低めに抑え、かかとにかけて細めに仕上げたことで、クラウン、ソール、サイドと3方からの支えが均一化し、足との一体感が感じられる。シャンクには衝撃軽減効果のある材料を使用。ソールは滑りにくい革を使用している。

〈商品・情報提供〉シルビア

52

〈シルビア〉

フロリナⅡ

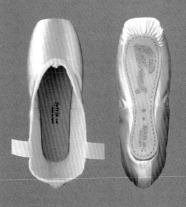

サイズ **21.0 〜 27.0cm**

ワイズ **C（細幅）、D（標準）、E（広幅）** ※サイズにより制限あり

シャンクの硬さ **普通**

その他 Uカット、リボンつき、基本はユーロピンクだがロシアンピンクとピンクも受注生産あり

シルビアの定番シューズの初期モデル「フロリナ」を改良したもの。シャンクのかかと部分を薄くしたことでシャンクに対する足あたりの違和感が軽減され、土踏まずにフィットしやすい。耐久性にも優れ、最初の硬さが半永久的に続く。

〈商品・情報提供〉シルビア

53

〈シルビア〉

フロリナⅢ

サイズ	21.0〜27.0cm
ワイズ	C（細幅）、D（標準）、E（広幅） ※サイズにより制限あり
シャンク の硬さ	柔らかめ
その他	Uカット、リボンつき、 基本はロシアンピンクだがユーロピンク とピンクも受注生産あり

初期モデル「フロリナ」の木型に、かかと部分を薄くした「ネオチェリー」のシャンクを組み合わせたもの。フロリナの特徴であるスクエアボックスに甲が出やすいシャンクを合わせたことで、オン・ポワント時に安定感がある。

〈商品・情報提供〉シルビア

54

〈シルビア〉

マイセシオン

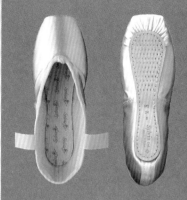

サイズ	22.0〜27.0cm
ワイズ	C（細幅）、D（標準）、E（広幅） ※サイズにより制限あり
シャンク の硬さ	普通
その他	Vカット、リボンつき、 基本はユーロピンクだがロシアンピンク とピンクも受注生産あり

やや広めのボックスと改良を加えたソールにより、オン・ポワント時の安定感が増し、足のラインが美しく出る。丸みのあるボックスが足を包んでくれるので安定性が高く、立ったときのラインも美しい。EEE幅まで特注が可能。

〈商品・情報提供〉シルビア

55

〈シルビア〉

レーヌ

サイズ	21.0〜27.0cm
ワイズ	D（標準）
シャンク の硬さ	普通
その他	Uカット、リボンつき

「現代人の足」をテーマに開発されたトウシューズで、広めのスクエアボックスとプラットフォームが特徴。シャンクには特殊な材料を加工し、3/4シャンクが足裏にフィット。フル・ポワント時の安定性に優れている。

〈商品・情報提供〉シルビア

※サイズ、ワイズ、シャンクは商品・情報提供店で取り扱っているものを掲載しています（2021年9月現在）。
掲載されている以外のサイズ、ワイズ、シャンクでも特注や取り寄せができる場合があります。各店にお問い合わせください

〈シルビア〉

ベガⅡ

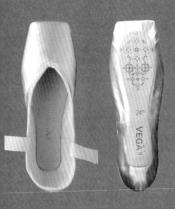

サイズ 22.5〜25.5cm

ワイズ 標準

シャンク の硬さ 普通

その他 Uカット、リボンつき

「トウシューズは痛い」という概念を少しでも減らすために開発されたトウシューズ。ボックスとシャンクには新素材を使用し、耐久性に優れている。ボックスはスクエアで、オン・ポワント時に安定感がある。

〈商品・情報提供〉シルビア

〈シルビア〉

ベガⅢ

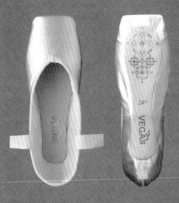

サイズ 22.5〜25.5cm

ワイズ 標準

シャンク の硬さ 普通

その他 Uカット、リボンつき

3/4シャンクなので足裏が使いやすく、無理なく甲が出る。基本構造は「ベガⅡ」と同じで、ボックスとシャンクには新素材を使用し、耐久性に優れている。ボックスはスクエアで、オン・ポワント時に安定感がある。

〈商品・情報提供〉シルビア

〈チャコット〉

オデット

サイズ 22.5〜25.5cm

ワイズ D（標準）、E（広幅）

シャンク の硬さ ミディアム

その他 Uカット

ステップアップを目指す方におすすめの少し硬めのトウシューズ。クラウンが低めでフラットな形状なので、薄い足の方も履きやすい。インソールはポワントワークがしやすく、トウ先には音を軽減するための低反発クッション入り。

〈商品・情報提供〉チャコット

59

〈チャコット〉

スワニルダ

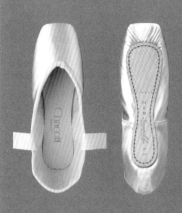

サイズ	19.0〜25.5cm
ワイズ	C（細幅）、D（標準）
シャンクの硬さ	ミディアム、ソフト
その他	Vカット、リボンつき

初心者でも立ちやすいトウシューズ。脇からつま先まで細い形状になっており、足幅が狭い方におすすめ。柔らかいインソールが足裏にフィットしやすく、ブロック部分全体に施した糊づけが、足をしっかりサポートする。

〈商品・情報提供〉チャコット

60

〈チャコット〉

スワン

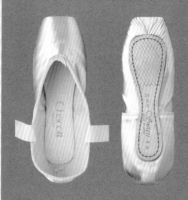

サイズ	20.0〜25.5cm
ワイズ	C（細幅）、D（標準）、E（広幅）
シャンクの硬さ	ミディアム、ソフト
その他	Uカット、リボンつき、「S101」へリニューアル予定

初心者から中・上級者まで、幅広く愛用されている人気のトウシューズ。脇からつま先に向かって細く絞り込まれている形状なので、足幅が狭めで薄い方におすすめ。インソールがしなやかで、甲を出しやすい。

〈商品・情報提供〉チャコット

61

〈チャコット〉

チャコット・ワン

サイズ	22.0〜25.5cm
ワイズ	D（標準）、E（広幅）
シャンクの硬さ	ミディアム
その他	Uカット、リボンつき、受注生産のみ

足なじみのよいトウシューズ。プラットフォームが広めなので、オン・ポワント時の安定感に優れている。インサイドステッチ仕様により、ア・テールの際にグラつきにくく、足裏でより床を感じることができる。

〈商品・情報提供〉チャコット

※サイズ、ワイズ、シャンクは商品・情報提供店で取り扱っているものを掲載しています（2021年9月現在）。
掲載されている以外のサイズ、ワイズ、シャンクでも特注や取り寄せができる場合があります。各店にお問い合わせください

〈チャコット〉

チャコット ピケ

サイズ	22.0〜25.5cm
ワイズ	X（細幅）、XX（標準）、XXX（広幅）
シャンクの硬さ	ミディアム（硬め）
その他	Vカット

足が強く、アーチの位置が高い方向けのトウシューズ。ヴァンプとサイドが浅めで、つま先をシャープに見せるパターン設計。硬めの3/4インソールを使用しており、引き上げとフィット感が得やすい。プリーツ下に消音のためのクッション入り。

〈商品・情報提供〉チャコット

〈チャコット〉

ベロネーゼ II

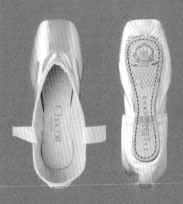

サイズ	20.0〜25.5cm
ワイズ	C（細幅）、D（標準）、E（広幅）、2E（極広幅）
シャンクの硬さ	ミディアム
その他	Vカット、リボンつき、「V101」へリニューアル予定

国内外で長く愛用されている、人気の高いトウシューズ。脇からつま先にかけてふっくらとした形状になっており、四角い形の足の方に合いやすい。インソールが柔らかいので、足裏にぴったりフィットしてくれる。

〈商品・情報提供〉チャコット

〈チャコット〉

米沢唯共同開発トウシューズ

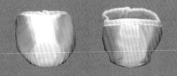

サイズ	22.5〜25.5cm
ワイズ	X（細幅）、XX（標準）、XXX（広幅）
シャンクの硬さ	ミディアム
その他	Vカット、限定店舗販売

新国立劇場バレエ団 米沢唯との共同開発トウシューズ。インソールは足裏に吸いつくように設計され、ドゥミからポワントへの移行がスムーズ。サイドは浅めで甲高に見せる。プラットフォームは、オン・ポワント時に安定する角度に設計。

〈商品・情報提供〉チャコット

65

〈フリード オブ ロンドン〉

ウィングブロック

サイズ 21.5〜26.0cm

ワイズ X（細幅）、XX（標準）、XXX（広幅）

**シャンク
の硬さ** ミディアム

その他 Vカット、受注生産

ボックスのサイド部分まで糊づけされているため、ホールド感があり、比較的耐久性が高いのが特徴である。「メーカー」と呼ばれる職人ごとに特徴があり、履き心地はそれぞれ異なる（職人は25名／2021年9月現在）。

〈商品・情報提供〉チャコット

66

〈フリード オブ ロンドン〉

クラシックプロ

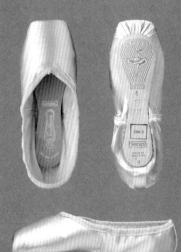

サイズ 22.5〜26.0cm

ワイズ X（細幅）、XX（標準）、XXX（広幅）

**シャンク
の硬さ** ミディアム

その他 Vカット、引き紐がゴム、受注生産

プラットフォームに傾斜があるため、前斜めのバランスで前方に乗りやすい設計になっている。3/4シャンクで、かかと部分にかけて薄くなる「PROインソール」を使用しているため、安定感に優れている。

〈商品・情報提供〉チャコット

67

〈フリード オブ ロンドン〉

クラシックプロ90

サイズ 22.5〜26.0cm

ワイズ X（細幅）、XX（標準）、XXX（広幅）

**シャンク
の硬さ** ミディアム

その他 Uカット、引き紐がゴム、受注生産

プラットフォームが床に対して90°になっており、体を引き上げて甲を出しやすい設計になっている。3/4シャンクで、かかと部分にかけて薄くなる「PROインソール」を使用しているため、安定感がある。

〈商品・情報提供〉チャコット

※サイズ、ワイズ、シャンクは商品・情報提供店で取り扱っているものを掲載しています（2021年9月現在）。
掲載されている以外のサイズ、ワイズ、シャンクでも特注や取り寄せができる場合があります。各店にお問い合わせください

〈フリード オブ ロンドン〉

スタンダードブロック

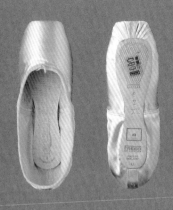

サイズ **21.5〜26.0cm**

ワイズ **X（細幅）、XX（標準）、XXX（広幅）**

シャンクの硬さ **ミディアム**

その他 **Uカット、受注生産**

ウィングブロックよりも糊づけが浅めで、より足になじみやすいため、すべてのレベルのダンサー向きに作られている。「メーカー」と呼ばれる職人ごとに特徴があり、履き心地はそれぞれ異なる（職人は25名／2021年9月現在）。

〈商品・情報提供〉チャコット

〈ブロック〉

アクシオン

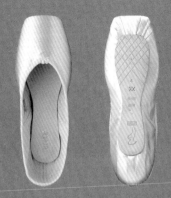

サイズ **21.5〜25.5cm**

ワイズ **X（細幅）、XX（標準）、XXX（広幅）**

シャンクの硬さ **普通**

その他 **Uカット**

トウ先に向けて細めに絞り込まれたシルエットで、優雅な足のラインを実現。土踏まずからかかとまでのシャンクが柔らかいので、ソールが足裏のアーチを押し出してサポートする。ヴァンプはやや長めで足指の長い方向き。

〈商品・情報提供〉チャコット

〈ブロック〉

エレガンス

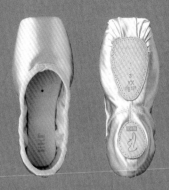

サイズ **21.0〜26.0cm**

ワイズ **X（細幅）、XX（標準）、XXX（広幅）**

シャンクの硬さ **普通**

その他 **Uカット**

新案特許を取得したストレッチトウシューズで、足全体にフィットする。スプリットソールを採用し、ブロックの中でもっとも軽量な仕上がり。ボックスは広めで安定性が高く、ソールも従来品より薄めで床を感じやすい。

〈商品・情報提供〉グラン・パ・ド・ドゥ

※フリードのトウシューズは、それぞれの型に「メーカー」と呼ばれる職人がおり、職人ごとに履き心地が異なります。メーカーを選ぶ際はお店にご相談ください

71

〈ブロック〉

シュープリマ

サイズ	21.0〜25.5cm
ワイズ	C（普通幅）、D（広幅）、E（極広幅）
シャンクの硬さ	柔らかめ
その他	Uカット、E幅は22.0cm以上から

トゥ先に向けて絞り込まれた細身のシルエットに小さめのプラットフォームで、足のラインが美しく見える。ヴァンプが長すぎないので、ドゥミが通りやすい。軽く、足なじみがよいので、長時間履いても疲れにくい。

〈商品・情報提供〉ミルバ

72

〈ブロック〉

シルフィード

サイズ	22.0〜25.5cm
ワイズ	C（普通幅）、D（広幅）
シャンクの硬さ	柔らかめ
その他	Uカット

ブロックのトゥシューズの中で、もっともボックスの内側が広い作りになっており、安定感がある。軽めの作りになっているので、疲れにくく、踊りやすいのも利点。ヴァンプはほどよい長さで、プラットフォームは楕円形。

〈商品・情報提供〉ミルバ

73

〈ブロック〉

スーパーラティブ

サイズ	22.0〜24.5cm
ワイズ	XX（標準）※XとXXXは受注のみ
シャンクの硬さ	硬め
その他	Uカット

広めのプラットフォームと深めのかかとで足全体を包み込み、立ちやすく安定性が高い。ソールは足裏のアーチを高い位置でサポート。スプリットソールにより軽い履き心地を実現。ヴァンプは長めなので、足指が長めの方向き。

〈商品・情報提供〉グラン・パ・ド・ドゥ

※サイズ、ワイズ、シャンクは商品・情報提供店で取り扱っているものを掲載しています（2021年9月現在）。
掲載されている以外のサイズ、ワイズ、シャンクでも特注や取り寄せができる場合があります。各店にお問い合わせください

74	75	76

〈ブロック〉 〈ブロック〉 〈ブロック〉

セレナーデ	ソナタ	バランスヨーロピアン

74 セレナーデ

サイズ 22.5〜26.0cm

ワイズ C（細幅）、D（標準）、E（広幅）

シャンクの硬さ 普通

その他 Uカット

ボックスはスクエアで、プラットフォームは横長で広めなので安定感がある。ア・テールからオン・ポワントまでロールアップしやすい。ヴァンプは長めなので足指の長い方向け。硬めのシャンクを入れた「ストロング」もある。

〈商品・情報提供〉チャコット

75 ソナタ

サイズ 22.0〜26.0cm

ワイズ C（細幅）、D（標準）、E（広幅）

シャンクの硬さ 普通

その他 Uカット

プラットフォームとボックスは広めで、足幅が広めの方に合いやすい。トウ先はクッション入りで、足を保護するとともに衝撃を軽減する。ソール3/4部分で足裏のアーチを描けるように設計されている。ヴァンプはやや短め。

〈商品・情報提供〉チャコット

76 バランスヨーロピアン

サイズ 21.5〜26.0cm

ワイズ X（細幅）、XX（標準）、XXX（広幅）

シャンクの硬さ 柔らかめ

その他 Uカット、引き紐がゴム

初心者から上級者まで、幅広い層に人気。広いプラットフォームで重心のバランスが取りやすく、足との一体感を感じられる。柔らかめのシャンクは足に沿い、足裏のアーチを押し出す。生地のシワを防ぐ工夫がされている。

〈商品・情報提供〉チャコット

77

〈ブロック〉

ヘリテージ

サイズ	22.0〜26.0cm
ワイズ	X（普通幅）、XX（広幅）、XXX（特広幅）
シャンクの硬さ	柔らかめ
その他	Vカット

履き口がVカットで、ヴァンプは短めなので、甲からつま先にかけて美しく見える。トウ先はクッション入りで、足を保護するとともに衝撃を軽減。シャンクは柔軟性が高く、ドゥミも通りやすく、足裏にフィットしやすい。

〈商品・情報提供〉ミルバ

78

〈ボンジュ Ballerina〉

RX

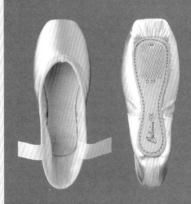

サイズ	19.0〜26.0cm ※幅によってサイズ展開は異なる
ワイズ	D（普通幅）、E（広幅）、EE（さらに広幅）
シャンクの硬さ	普通
その他	Uカット、リボンつき、3色展開

足になじみやすく、立ちやすいように計算された幅広型のトウシューズ。クラウンが高めで、甲部分に厚みがあるので、甲が出やすい方に合う。プラットフォームは円形に近い。ヴァンプは短めなので、ドゥミを通りやすい。

〈商品・情報提供〉ボンジュ Ballerina

79

〈ボンジュ Ballerina〉

アラベスク

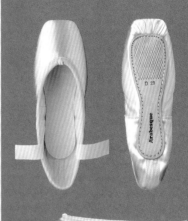

サイズ	19.0〜26.0cm
ワイズ	D（普通幅）、E（広幅）※E幅は21.5cm以上
シャンクの硬さ	普通
その他	Uカット、リボンつき、3色展開

ヴァンプが長めなので、足指が長めの方や甲が出すぎる方に向いている。トウ先にクッションが入っており、痛みや衝撃を軽減する。前方部はサイドが浅めに作られていて、オン・ポワント時に生地がヨレにくい。

〈商品・情報提供〉ボンジュ Ballerina

※サイズ、ワイズ、シャンクは商品・情報提供店で取り扱っているものを掲載しています（2021年9月現在）。
掲載されている以外のサイズ、ワイズ、シャンクでも特注や取り寄せができる場合があります。各店にお問い合わせください

80

〈ボンジュ Ballerina〉

EX

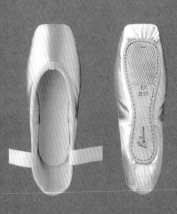

サイズ **17.0〜28.0cm**
※幅によってサイズ展開は異なる

ワイズ Y（細幅）、D（普通幅）、E（広幅）、
EE（さらに広幅）、EEE（特別広幅）

シャンク
の硬さ **普通**

その他 **Ｕカット、リボンつき、
3色展開**

発売から今日まで、多くのダンサーに支持されているロングセラー。ボックスもプラットフォームも広めの作りで、オン・ポワント時の安定性が高い。ヴァンプは長めなので、足指が長めの方向け。足になじみやすい。

〈商品・情報提供〉ボンジュ Ballerina

81

〈ボンジュ Ballerina〉

EX（レザー貼り）

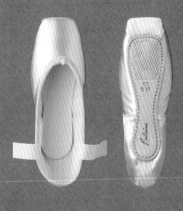

サイズ **17.0〜28.0cm**
※幅によってサイズ展開は異なる

ワイズ Y（細幅）、D（普通幅）、E（広幅）、
EE（さらに広幅）、EEE（特別広幅）

シャンク
の硬さ **普通**

その他 **Ｕカット、リボンつき、
3色展開**

木型は「EX」と同じで、プラットフォームにレザーが貼られているので滑りにくい。ボックスもプラットフォームも広めの作りで、オン・ポワント時の安定性が高い。ヴァンプは長めなので、足指が長めの方向け。足なじみもよい。

〈商品・情報提供〉ボンジュ Ballerina

82

〈ボンジュ Ballerina〉

EXⅡ

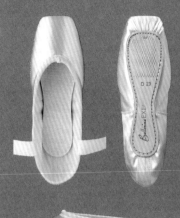

サイズ **17.0〜28.0cm**
※幅によってサイズ展開は異なる

ワイズ Y（細幅）、D（普通幅）、E（広幅）、
EE（さらに広幅）、EEE（特別広幅）

シャンク
の硬さ **普通**

その他 **Ｕカット、リボンつき、
3色展開**

木型は「EX」と同じだが、3/4シャンクのためにソールの柔軟性が高く、足裏にソールがフィットしやすい。かかと側にクッション素材が使用されているので、衝撃を吸収するとともに耐久性にも優れている。

〈商品・情報提供〉ボンジュ Ballerina

83

〈ボンジュ Ballerina〉

EXⅡ ルルベ

サイズ	17.0〜28.0cm ※幅によってサイズ展開は異なる
ワイズ	Y（細幅）、D（普通幅）、E（広幅）、EE（さらに広幅）、EEE（特別広幅）
シャンクの硬さ	柔らかめ
その他	Uカット、リボンつき、3色展開

「EXⅡ」の特徴を用いながら、ボックスの甲部分の芯を短くすることで足になじみやすくした、初心者向けのトウシューズ。ヴァンプは短めにできているので、足指が短い方でもドゥミ・ポワントが通りやすい。

〈商品・情報提供〉ボンジュ Ballerina

84

〈ボンジュ Ballerina〉

EX ルルベ

サイズ	17.0〜28.0cm ※幅によってサイズ展開は異なる
ワイズ	Y（細幅）、D（普通幅）、E（広幅）、EE（さらに広幅）、EEE（特別広幅）
シャンクの硬さ	柔らかめ
その他	Uカット、リボンつき、3色展開

「EX」の木型をベースに、ボックスの甲部分の芯を短くすることで足になじみやすくした、初心者向けのトウシューズ。ヴァンプは「EX」より短くできているので、足指が短い方でもドゥミ・ポワントが通りやすい。

〈商品・情報提供〉ボンジュ Ballerina

85

〈ボンジュ Ballerina〉

さくら貝

サイズ	22.5〜25.5cm
ワイズ	D（普通幅）、E（広幅）
シャンクの硬さ	普通
その他	Uカット、リボンつき、3色展開

日本人に多い、甲が出にくい方のために開発されたトウシューズ。全体的に薄めの作りなので、甲が低めの方でも足裏を使って甲を押し出しやすい。軽量化されたシューズなので、足が疲れにくい。100％職人の手作りでできている。

〈商品・情報提供〉ボンジュ Ballerina

※サイズ、ワイズ、シャンクは商品・情報提供店で取り扱っているものを掲載しています（2021年9月現在）。
掲載されている以外のサイズ、ワイズ、シャンクでも特注や取り寄せができる場合があります。各店にお問い合わせください

86

〈ボンジュ Ballerina〉

ジゼル

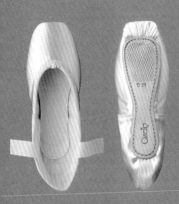

サイズ　17.0〜28.0cm
※幅によってサイズ展開は異なる

ワイズ　Y（細幅）、D（普通幅）、E（広幅）、
EE（さらに広幅）、EEE（特別広幅）

シャンク
の硬さ　普通

その他　Uカット、リボンつき、
3色展開

クラウンが低めにできているので、甲が低い方にもフィットしやすい。幅が広めのデザイン。シャンクのかかと側が少し薄くなっているので、ソールが足裏のアーチに沿いやすく、足裏が押し出されて甲がきれいに出る。

〈商品・情報提供〉ボンジュ Ballerina

87

〈ボンジュ Ballerina〉

レガート

サイズ　17.0〜26.5cm
※幅によってサイズ展開は異なる

ワイズ　Y（細幅）、D（普通幅）、E（広幅）、
EE（さらに広幅）、EEE（特別広幅）

シャンク
の硬さ　普通

その他　Uカット、3色展開

特許取得のトウシューズ。耐久性と履き心地のよさに優れており、長時間履いても足に負担がかからないような設計になっている。シャンクが土踏まずにフィットしやすく、安定感があり、甲もきれいに出やすい。

〈商品・情報提供〉ボンジュ Ballerina

88

〈ボンジュ Ballerina〉

レガートプラス

サイズ　17.0〜26.5cm
※幅によってサイズ展開は異なる

ワイズ　Y（細幅）、D（普通幅）、E（広幅）、
EE（さらに広幅）、EEE（特別広幅）

シャンク
の硬さ　普通

その他　Uカット、3色展開

特許取得のトウシューズ。「レガート」をベースに、内側にスポンジを入れてフィット感をプラス。シャンクの硬さは残しながらも軽量化を実現。機能性とホールド性に優れ、どちらかというと中・上級向けのシューズ。

〈商品・情報提供〉ボンジュ Ballerina

89

〈ミレラ〉

ウィスパー

サイズ 21.0〜25.5cm

ワイズ X（普通幅）、XX（広幅）、XXX（極広幅）

シャンク の硬さ 柔らかめ

その他 Uカット

「ウィスパー（ささやく）」の名の通り、軽量で消音効果のあるシューズ。ボックスの内部全体が薄いパットで覆われ、トゥ先の内側にもクッションがあり、包み込まれるような心地よさがある。3/4シャンクで、ヴァンプは長め。

〈商品・情報提供〉グラン・パ・ド・ドゥ

90

〈メルレ〉

アダジオ

サイズ 22.2〜25.8cm

ワイズ C（標準）

シャンク の硬さ M（ミディアム）、H（ハード）

その他 Uカット、受注生産

中級以上のダンサーの足に合わせて製作した木型を使用し、伝統的な素材で作られたトゥシューズ。Uカットのヴァンプは長すぎず、ドゥミを通りやすい。オン・ポワントの際に安定感があり、洗練されたシルエットが特徴。

〈商品・情報提供〉シルビア

91

〈メルレ〉

N2

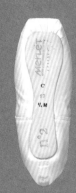

サイズ 22.2〜25.8cm

ワイズ C（標準）

シャンク の硬さ M（ミディアム）、H（ハード）

その他 Uカット、シャンクの長さに1/2と3/4の2種類あり、受注生産

シューズ内に、ソフトな肌触りで吸湿速乾に優れたマイクロファイバーを使用している。シャンクは1/2と3/4の2種類があり、ポリカーボネイト製シャンクを使用。ボックス内部は体温の上昇に伴い、柔らかくフィットする。

〈商品・情報提供〉シルビア

※サイズ、ワイズ、シャンクは商品・情報提供店で取り扱っているものを掲載しています（2021年9月現在）。
掲載されている以外のサイズ、ワイズ、シャンクでも特注や取り寄せができる場合があります。各店にお問い合わせください

92

〈メルレ〉

クロエ

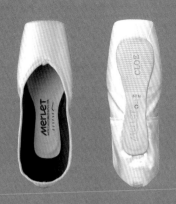

サイズ	22.8〜25.8cm
ワイズ	C（標準）、D（広幅） ※B（細幅）のみ受注生産
シャンク の硬さ	M（ミディアム）
その他	Uカット、4/4シャンク（自然素材）の 受注もあり

ポリカーボネイト製の3/4シャンクが使用されており、柔軟性が高いトウシューズ。ヴァンプが短いため、ドゥミからオン・ポワントへの移行がスムーズ。トウ先内側に付属のシリコンパッドも装備可能である。

〈商品・情報提供〉シルビア

93

〈メルレ〉

ディーヴァ

サイズ	22.8〜25.8cm
ワイズ	C（標準）
シャンク の硬さ	M（ミディアム）
その他	Uカット、100%ヴィーガンエコのス ウェードチップつき

ポリカーボネイト製の3/4シャンクで、足裏にアーチを作りやすい。ソールは薄くフラットで安定感が抜群。プラットフォームは100%ヴィーガンエコのスウェードの皮貼り。トウ先内側に付属のシリコンパッドも装備可能。

〈商品・情報提供〉シルビア

94

〈メルレ〉

プルション

サイズ	22.8〜25.8cm ※小さいサイズの受注生産あり
ワイズ	C（標準） ※サイズ11、12は特注
シャンク の硬さ	S1（ソフト）
その他	Uカット、受注生産

伝統的な素材で作られた一足。シャンクが柔らかいので、足の裏に優しくフィットし、初心者から履くことができる。ヴァンプが長すぎないので、甲を美しく出しやすい。トウ先に向けて絞り込まれた優美なシルエット。

〈商品・情報提供〉シルビア

95

〈メルレ〉

プルミエール

サイズ **22.2〜25.8cm**
※大きいサイズの受注生産あり

ワイズ **C（標準）、D（広幅）**

シャンク
の硬さ **S2（ミディアム）**

その他 **Vカット**

履き口がVカットになっており、甲をほどよく押さえ、足をしっかりとホールドする。シューズ内部をソフトに加工しているので足あたりが柔らかで優しい。ポリカーボネイト製シャンクを使用しているため、長持ちしやすい。

〈商品・情報提供〉シルビア

96

〈メルレ〉

ベル

サイズ **22.8〜25.8cm**

ワイズ **C（標準）、D（広幅）**

シャンク
の硬さ **S0（スーパーソフト）、S1（ソフト）、S2（ミディアム）**

その他 **Uカット**

メルレの持つ長い経験とノウハウによって開発された革新的な技術を用いたトウシューズ。初心者の足でも優しく保護しながら立ちやすいように製作されている。ソールにはアーチがついていて、足裏に自然にフィットする。

〈商品・情報提供〉シルビア

97

〈メルレ〉

リングトン

サイズ **22.2〜25.8cm**
※大きいサイズの受注生産あり

ワイズ **C（標準）、D（広幅）**

シャンク
の硬さ **3/4M（ミディアム）**

その他 **Vカット**

伝統的な素材を使用した、ロングセラーのトウシューズ。3/4にカットされたシャンクは足なじみがよく、足裏を自然と押し上げてくれるので、甲をきれいに出しやすい。足裏の力を鍛えるのにも最適である。

〈商品・情報提供〉シルビア

※サイズ、ワイズ、シャンクは商品・情報提供店で取り扱っているものを掲載しています（2021年9月現在）。
掲載されている以外のサイズ、ワイズ、シャンクでも特注や取り寄せができる場合があります。各店にお問い合わせください

〈レアルト〉

アンジェラ

サイズ **23.5〜25.5cm**
※大きいサイズの受注生産あり

ワイズ **やや幅広**

シャンク
の硬さ **柔らかめ**

その他 **Uカット**

イタリアのブランド「レアルト」とバレエショップ「ドゥッシュドゥッスゥ」のコラボによって生まれた一足。やや幅広で、日本人の足に合いやすい。ヴァンプは長めで、足指の長い方向け。ボックスはスクエアで安定感がある。

〈商品・情報提供〉ドゥッシュドゥッスゥ

〈レペット〉

アリシア

サイズ **22.0〜26.7cm**

ワイズ **標準、広幅**

シャンク
の硬さ **ミディアム、ハード**

その他 **Uカット、リボンつき**

ダンサーのニーズに応えて開発された、新しいトウシューズ。3/4シャンクで足裏が自然と押し上げられ、心地よくフィットする。ボックスはスクエア型で安定感がある。ほかの型よりもシャンクは硬めなので、中・上級者向け。

〈商品・情報提供〉レペット

〈レペット〉

カルロッタ

サイズ **22.0〜26.7cm**

ワイズ **細幅、標準、広幅**

シャンク
の硬さ **ソフト、ミディアム、ハード**

その他 **Uカット**

中・上級者向け。ボックスは丸みがあり、安定感があるので回転しやすい。フルソールだが、他社製に比べるとシャンクは3/4程度。靴底のつま先側に衝撃吸収材を使用しており、音と衝撃をやわらげる。ヴァンプは長めで、足指の長い方向け。

〈商品・情報提供〉レペット

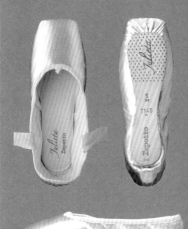

101

〈レペット〉

ジュリエッタ

サイズ 21.3〜26.7cm

ワイズ 細幅、標準、広幅

シャンクの硬さ ミディアム

その他 Uカット、リボンつき

初心者向けに作られたトウシューズ。柔軟性の高いソールが足裏に沿いやすく、足なじみがよいので、足先をきれいに見せる。スクエアのボックスがしっかりと足を支えるので落ちにくく、フラットなプラットフォームで安定性が高い。

〈商品・情報提供〉レペット

\\\|||///
商品・情報提供店リスト
(五十音順)

アビニヨン
問 03-3468-7881
https://www.e-avignon.co.jp/

グラン・パ・ド・ドゥ
問 072-625-3389
https://grandpasdedeux.com/

グランプランニング
問 072-982-1503
https://grandplan.co.jp/

シルビア
問 03-5849-3073
https://www.sylvia.co.jp/
https://www.shop.sylvia.co.jp/

チャコット
問 0120-155-653（お客様相談室）
https://shop.chacott.co.jp/

ドゥッシュドゥッスゥ
問 03-5770-7393
https://www.dessus-d.com/

ボンジュ Ballerina
（旧バレリーナ）
問 0274-67-7224
https://www.bonju-ballerina.com/

ミルバ
問 0120-404-880（大阪店）、
0120-979-281（新宿店）など
http://www.milba.com/
https://dance.milba.com/

レペット
問 03-5159-6222（銀座店）など
https://www.repetto.jp/

※掲載されている情報は
2021年9月現在のものです。

Column
\ 本格的なトウシューズでのレッスンを始める前に！ /
ボックスに足を慣らすための「プレ・ポワント」とは

トウシューズを履くためには、硬いボックスに慣れる必要があります。そのため、まずは足をトウシューズに慣らすのに便利な「プレ・ポワント」「プレ・トウ」と呼ばれるシューズが存在します。履くうちにトウシューズで踊るために必要な筋肉を鍛えることができるので、初めて履く方にはおすすめです。

グリシコでは、本格的にトウシューズを履く前に3種類のシューズで段階的に足を強化することを推奨している。プレ・ポワントの「エグザム」はバーレッスン用だが、慣れたら初心者用トウシューズ「アリス」をセンターレッスンで履いてさらに足を鍛え、最後に「ノーヴィス」を履くことで、ポワントワークに必要な足を作ることができる。

メーカー名（五十音順）	種類	特徴
グリシコ	エグザム	ボックスの硬い部分を1/2にカットし、圧迫感の少ない設計がされたプレ・ポワント。本格的なトウシューズを履く前、約6カ月間はこのシューズを履いてバーレッスンを受け、足を慣らすことを推奨している。
シルビア	プレトウ	英国RAD受験時に使用されるシューズを、シルビアが日本人向けに改良。ボックスが柔らかくできており、トウクラスに上がる前に使用することで足への負担を減らし、段階的にトウボックスに慣れることができる。受注生産。
ボンジュBallerina	一期一会	2021年から、ボンジュBallerinaが新しく生み出したプレ・ポワント。シャンクは使用しておらず、トウボックスも柔らかくできているので、本格的なトウシューズレッスンを始める前の足慣らしに最適。

※サイズ、ワイズ、シャンクは商品・情報提供店で取り扱っているものを掲載しています（2021年9月現在）。
掲載されている以外のサイズ、ワイズ、シャンクでも特注や取り寄せができる場合があります。各店にお問い合わせください

トウシューズで踊れる足を作るための準備から、
強いポワントワークを身につけるために
日々行いたいバーでのトレーニング、さらに
痛みや踊りにくさを軽減するテーピングの方法まで、
さまざまな鍛え方を四家 恵先生に教えていただきました。

履きこなせる足を作る!
トウシューズの鍛え方

ここではトウシューズで踊るための準備から、強いポワントワーク
を身につけるためのトレーニングまで、バレエ講師の四家 恵先生に
さまざまな鍛え方を教えていただきました。

四家 恵さん

クラシックバレエ講師。小林紀子バレエアカデミーにて ARAD に合格。同シアターを経て渡英。英国にてダンスコンティニュームに所属。帰国後、ローザンヌ国際バレエコンクール日本事業部主催の講習会にて、通訳とエクササイズ講師を務める。その後、K バレエカンパニーにてバレエミストレス、スクール教師を歴任後退職。マットピラティス指導者の資格を取得。現在は自身の「MEGUMI SHIKE BALLET」等で指導に当たる。

トウシューズを履くための準備

履くために必要な足とは?

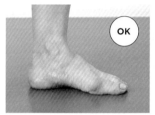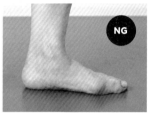

トウシューズを履いて踊るために、足裏の強さは重要です。足裏の筋肉をうまく使えるようになると、土踏まずが上がってアーチができ(OK写真)、ポワントワークが安定します。さらに足首が安定するので、余計な力を入れずに踊ることができます。いっぽうで足裏が弱い(NG写真)と、ふくらはぎの筋肉を過剰に使ってしまい、アキレス腱に負荷がかかって故障につながることもあります。まずは足全体をほぐし、足裏を鍛えていきましょう。

足まわりをほぐすマッサージ&ストレッチ

足をほぐす

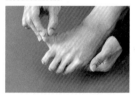

足指を1本ずつ手の指でつかみ、上下に動かします。親指から小指まで、すべての指に行いましょう。力を入れず、指の関節を動かすようにゆっくりとほぐします。

指間マッサージ

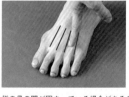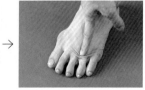

指の骨の間が固まっている場合があるので、力を入れずに指の間をなでて、マッサージしましょう。表が終わったら裏側の指の間も優しくなでてください。

指の腹マッサージ

トウシューズを履いたとき、シューズの中で指が丸まったり、曲がったりする人は、指の腹の下(付け根と第1関節の間)をマッサージして、ほぐします。

グーパーする

足の指を思いっきり丸めてグーにしてから、思いっきり開いてパーにする動きを繰り返します。慣れないうちは手を添えて行いましょう。

慣れてきたら手を外して

足裏をほぐす

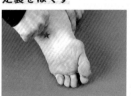

土踏まずが固まっていると、足裏を丁寧に使いにくくなります。土踏まずの上下、★の位置をプッシュしましょう。

かかとの側面もほぐしておくと◎

※本書に掲載されているエクササイズやトレーニングを行う際は、怪我や事故に注意してください。痛みが生じた場合は、ただちに中止してください。

足首回し

手で足指を挟んでつかみ、軽く引っ張ってから足首を大きく回します。足首に力は入れず、手の力で回すこと。反対回しもしておきましょう。

スーパーボールで足裏ほぐし

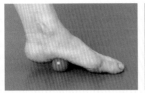 

スーパーボールの上に足裏をのせ、転がしながらほぐします。小さいほうがピンポイントで効きますが痛いので、最初は大きめのボールから始めるとよいでしょう。

スネのマッサージ

タオルをねじって使います

固くねじったタオルを床に置き、その上に正座してスネをのせたら、前後に移動しながらスネをマッサージします。痛いところがあれば念入りにほぐしましょう。

ふくらはぎのマッサージ

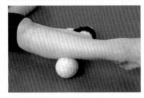 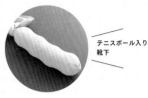

テニスボール入り靴下

長めの靴下の中にテニスボールを4つほど詰めたら、その上にふくらはぎをのせて、前後に転がしながらマッサージします。

足裏を鍛える トレーニング

正しく足裏を使えるかチェック！

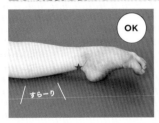 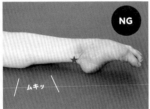

OK　すらーり

NG　ムキッ

足裏を正しく使えているかどうかを調べるための、簡単なチェック方法があります。脚をまっすぐ伸ばし、足裏を使ってドゥミからポワントまでつま先を伸ばしていきます。このとき、ふくらはぎに力が入り、★の位置にあるアキレス腱が引き込まれて硬くなる方は、残念ながら足裏がまだ弱い証拠（NG写真）。足裏を使えていれば、ふくらはぎや足首に余計な力は入らず、アキレス腱も柔らかいままで負荷がかかりません（OK写真）。

タオルギャザー

 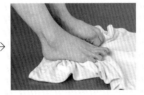

体育座りをして、足の下にタオルを敷きます。かかとは着けたまま、片足ずつ足裏と指を使ってタオルをたぐり寄せたら、今度は反対に押し返していきます。薄めのタオルを使うのがおすすめです。

セラバンドで足指トレーニング

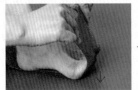 

体育座りをしてセラバンドを足裏で踏んだら、足指をバンドで包むようにして持ち、足指の腹でバンドを押し返しながら床に近づけていきます。かかとはなるべく体に近いところに置きましょう。

指の腹押し

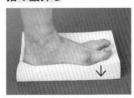 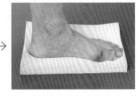

トゥシューズの中で指が丸まったり、折れ曲がったりしないよう、足指を垂直に押すための訓練です。体育座りをしたらタオルやスポンジの上に足をのせ、足指をまっすぐのまま下に押していきます。

指を使っても　　輪ゴムを使っても　　セラバンドを使っても

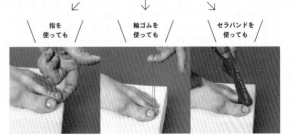

どうしても足指を垂直に押せない場合は、手や輪ゴム、セラバンドを引っ掛けて、それを押すような感覚で足指を押すと感覚をつかみやすいです。

美しい甲のための トレーニング

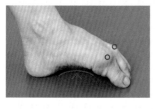

最初は手で
押さえても

足裏が強くなって自然とアーチができると、トウシューズを履いたときに甲も出やすくなり、ポワントワークの安定感が増します。そこで目指したいのは、甲の部分を走る「中足骨」の頭（○の部分）がきゅっと持ち上がって甲が出た足です。この足を鍛えるため、足指を曲げずに中足骨の頭を持ち上げる訓練をしましょう。甲の出すぎも防ぐことができます。慣れないうちは足指を手で押さえ、浮かないようにしながら行いましょう。

セラバンドを使ったグーパー

 →  →

足指をグーにした状態でセラバンドをかぶせたら、バンドを押しながら足指を伸ばし、最後に思いきりパーに開きます。かかとと足首は固定しておくこと。甲が出すぎる方にもおすすめ。

セラバンドでつま先伸ばし

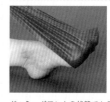 →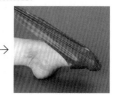

ドゥミ・ポワントの状態でセラバンドをつま先にかぶせたら、足裏を使ってゆっくりとポワントまでつま先を伸ばしていきます。かかとと足首は固定しておくこと。

ボールをつかんでつま先伸ばし

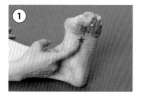

① 足指でボールをつかんだら、★の位置に意識を持っていきます。

② 次に、意識をこの位置まで下げます。

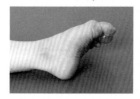

①→②へと意識を下ろしていく感覚で、足首をフレックスにした状態から、ゆっくりと足首を伸ばしていきます。かかとと足首は固定しておくこと。

ボールをつかんだまま足首回し

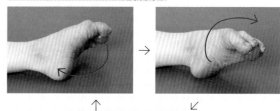

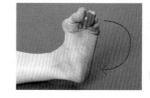

左のトレーニングを行ったあとに、ボールをつかんだまま、足首を回します。できるだけ大きくゆっくりと回し、右回りと左回り両方とも行いましょう。

外反母趾を改善するための トレーニング

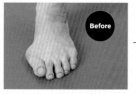

Before

→

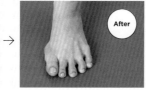

After

重心の置き方や足裏の使い方など、トウシューズでの立ち方を間違えてしまうと、足の親指が変形して「外反母趾」に悩まされることもあります（小指側が痛くなる「内反小趾」もあります）。外反（または内反）したまま固まってしまわないよう、日々ほぐし、正しい向きを足に覚えさせましょう。

指でよくほぐす

 →

外反母趾が悪化すると、親指の根元にある骨が変形したまま固まってしまいます。それを防ぐため、片手で根元を押さえながら、もう片手で指の先を持ち、上下左右に優しく動かしましょう。

セラバンドで引っ張る

 →

セラバンドを親指に引っ掛けて、外側に向けて軽く数回引きます。次に反対方向にも数回引きます。これを何度か繰り返してください。気になる方はレッスン後、必ず行いましょう。

トウシューズで踊るための鍛え方

履いて踊れるかどうかの見極め方

バレエ講師が、生徒がトウシューズを履いて踊ってよいと判断する基準は、主に以下の3つです。

① 軸の強さ　センターレッスン時、グランプリエをしてもグラつかないか
② バランス力　センターレッスンで、ア・ラ・スゴンドにデヴェロッペしたときにキープできるか
③ 足＆足首自体の強さ　両手を離した状態で、片足ルルヴェができるか

とくに子どもの生徒に対しては、①〜③をクリアしていることがトウシューズで踊るための条件になります。すべてできてから履き始めないと、怪我をする恐れがあります。

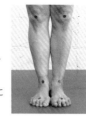

軸の確認

ひとさし指と中指の間、足首の真ん中、ひざの真ん中にシールを貼って鏡の前に6番で立ち、シールが一直線に並ぶように調整します。ルルヴェやプリエもして、確認しておきましょう。

トウシューズのならし方

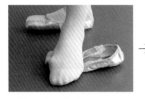

トウシューズのボックス部分を軽く踏み、糊づけで硬くなりすぎている部分をほぐします。

→

手でもボックス部分を押します。プラットフォーム周辺は揉まないように気をつけましょう。

→

ボックス内部に指を入れて、内側からもよく揉みます。

新しいトウシューズは乾いた糊が硬い状態で、そのまま履くとドゥミ・ポワントが通りにくく、足になじまずに痛みが出る場合があります。正しく踊ることの妨げになることがありますので、左の流れでほぐしておくとよいでしょう。

→

シャンクをなじませます。自分のアーチに合わせ、アウトソールの3/4あたりをつかみ、かかとの部分をしならせます。

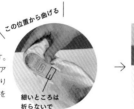

この位置から曲げる

細いところは折らないで

→

ボックス内部に手を入れ、上からボックス部分のソール側を押してなじませます。ドゥミが通りやすくなり、指の裏でソールを感じやすくなります。

入門・基礎編

トウシューズを履き始めた、または履いて間もない初心者向けのレッスンです。しっかりと足裏を使ってソールをしならせ、ドゥミ・ポワントを通りながらオン・ポワントになる癖をつけましょう。

ドゥミ・ポワントならし（6番）

→

→

プリエを入れても

ア・テールの6番で立ち、片足ずつ足裏をじっくりと使いながら、ドゥミ・ポワントを通ってオン・ポワントになります。左右交互に行いましょう。

オン・ポワントになったらプリエをして甲を出し、足裏とソールをよくなじませてもよいでしょう。

ドゥミ・ポワントならし（1番）

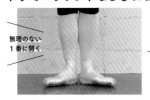

無理のない1番に開く

→

→

→

無理のない1番に開き、片足ずつ足裏をじっくりと使って、ドゥミ・ポワントを通ってオン・ポワントになり、プリエをしたら、足裏を丁寧に使いながらア・テールに戻します。左右交互に行いましょう。

ライズアップ（6番）

 →  →

6番のドゥミ・ポワントになり、プリエをせずに足裏と指の腹を使って、ゆっくりとオン・ポワントまで上がります。同様に丁寧に降りてア・テールに戻します。

甲に乗りすぎると足裏が適切に使えません。甲を押しすぎないようにしましょう。

きちんと立ち上がれていません。プラットフォームが床に着く位置まで立ちましょう。

ライズアップ（1番）

 →  →  →  →

無理のない1番に開き、プリエをせずに足裏と指の腹を使って、ゆっくりとオン・ポワントまで上がります。同様に丁寧に降りてア・テールに戻します。

プリエアップ（1番）

1番に開いたらプリエをします。

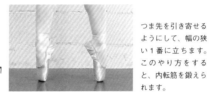

つま先を引き寄せるようにして、幅の狭い1番に立ちます。このやり方をすると、内転筋を鍛えられます。

甲を前に押し出すことで安定させようとすると、甲が出すぎて危険です。

オン・ポワントになるときに少し床を滑らせて、幅の広い1番に立ちます。足裏をしっかりと使い、立つ訓練になります。

立ち切れていません。プラットフォームが床に着く位置まで立ちましょう。

プリエアップ（2番）

2番に開いたらプリエをします。

内転筋を引き寄せながら、つま先を内側に引き込むようにして、2番に立ちます。

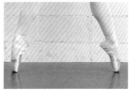

オン・ポワントになるときにつま先の外側に立つイメージで、少し幅を広げた2番に立ちます。

プリエアップ（5番）

5番で立ってプリエをします。

内転筋を引き寄せながら、両足のつま先を内側に引き込んで、5番でルルヴェします。

Point

前足に引き寄せる立ち方や後ろ足に引き寄せる立ち方もあわせてトレーニングしておきましょう

タンデュとプリエ

1番で立ち、足裏を丁寧に使いながらア・ラ・スゴンドにタンデュしたら、その足をプリエして、プラットフォームを床に着けます。体重をかけすぎないようにしましょう。

初級編 トウシューズに慣れてきたら、今度は素早く足を入れ替えたり、片足で立ちきったりする動きをトレーニングしましょう。ひざが曲がらないよう、軸足を床に突き刺すようにして踊ることがポイントです。

エシャッペ（1番）

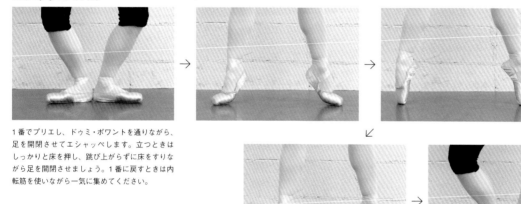

1番でプリエし、ドゥミ・ポワントを通りながら、足を開閉させてエシャッペします。立つときはしっかりと床を押し、跳び上がらずに床をすりながら足を開閉させましょう。1番に戻すときは内転筋を使いながら一気に集めてください。

エシャッペ（5番）

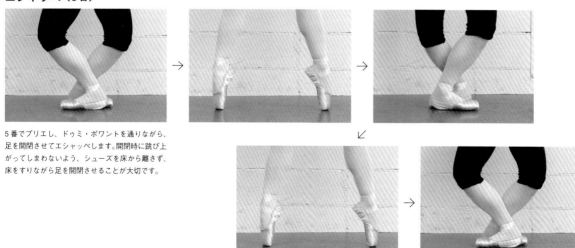

5番でプリエし、ドゥミ・ポワントを通りながら、足を開閉させてエシャッペします。開閉時に跳び上がってしまわないよう、シューズを床から離さず、床をすりながら足を開閉させることが大切です。

エシャッペ（4番・2番）

5番でプリエし、ドゥミ・ポワントを通りながら足を前後に開いて4番にエシャッペします。5番に戻してから、今度は2番に開いてエシャッペをし、5番に戻したら再度4番にエシャッペして、繰り返します。跳び上がらずに床をすりながら足を開閉させましょう。

ルルヴェ・パッセ

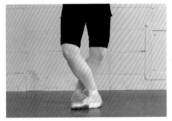  

5番でプリエしたら、ひざを伸ばしてオン・ポワントにしながら、同時に片足を一気にひざに持ち上げてルティレの形になり、下ろすときに足を入れ替えて5番に戻します。骨盤が左右で傾かず、きれいな三角形を作ること。左右ともに行いましょう。

パ・ド・ブレ

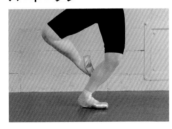  

UP

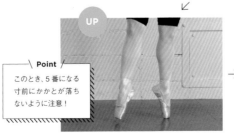

UP

Down

5番でプリエしながら、後ろ足をク・ドゥ・ピエにします。後ろ足のひざを伸ばしてオン・ポワントになり、小さめの2番を通過しながら、足を入れ替えて5番に戻します。なお、UPのときの動作は一瞬ですので、素早く通過してください。左右ともに行いましょう。

> Point
> このとき、5番になる寸前にかかとが落ちないように注意！

パ・ド・ブレ・ピケ

5番でプリエしたら、オン・ポワントと同時に右足をク・ドゥ・ピエにします。次に右足を下ろしながら左足を前に持ってきてク・ドゥ・ピエにしたら、5番のルルヴェを通って下ります。反対側も行いましょう。なお、ク・ドゥ・ピエではなく、ルティレで行っても！

クペ・フェッテ

5番でプリエしたら、後ろ足をク・ドゥ・ピエにし、オン・ポワントにすると同時に前足を横に出します。出した足を後ろに入れてク・ドゥ・ピエにしながら、前足はプリエします。左右ともに繰り返しましょう。

ポゼ・ピケ

前

後

横

バーに片手でつかまって5番に立ち、前に足を出したら、その上に一気に立ち上がりながらアラベスクをします。ひざをピンと伸ばして一気に軸を移動させ、グラつかないようにしましょう。

バーに片手でつかまって5番に立ち、後ろに足を出したら、その上に一気に立ち上がりながら前に足を上げます。前に立つよりもグラつきやすいので、しっかりと体を引き上げ、腹筋と背筋で上半身を支えることも大切です。

バーに両手でつかまって5番に立ち、横に足を出したら、その上に一気に立ち上がりながら反対の足を横に挙げます。勢いをつけすぎると、骨盤の左右の位置が傾いてしまうので、上半身はスクエアを意識しましょう。

中級編 中級になるとバーレッスン時、ルルヴェに立つところをすべてオン・ポワントで行うとよいでしょう。
また、片足のままで立って降りる動作を繰り返すことで、脚全体を強化していきます。

片足ルルヴェ

 →

5番に立ち、前足をク・ドゥ・ピエにし、後ろ足はプリエに。片足のまま、一気にひざを伸ばしてオン・ポワントに上がります。バーに頼りすぎず、脚の力と上半身とをコーディネートして上がれるようにしましょう。なお、片足をアチチュード・デリエールにしたまま行っても！

オン・ポワントでのフォンデュ

 →  →

→  →  →

バーに片手でつかまって5番に立ち、アンクロワ（前横後）のフォンデュを行います。デヴェロッペする際に、
軸足のひざを一気に伸ばしてオン・ポワントにし、降りるときも足裏を使って丁寧に降りましょう。

中・上級者の
ポワントレッスン

中級、そして上級になったら、バーレッスンはすべてトウシューズを履いて行うことで、筋力をアップさせるとよいでしょう。バレエシューズよりも動きにくく感じるかもしれませんが、トウシューズでもポジションは守ることが重要です。ただ、これまでに紹介したトレーニングはすべて基礎的なものですので、正しい立ち方や踊り方を身につけるには必要です。ぜひレベル問わずに定期的に行ってください。

引き上げ強化のために……
壁を使ったライズアップ

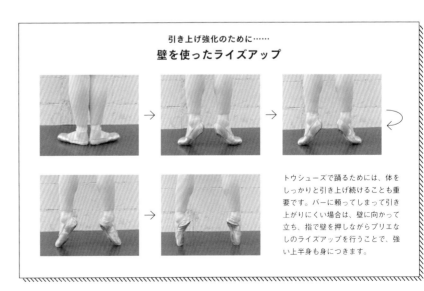

トウシューズで踊るためには、体をしっかりと引き上げ続けることも重要です。バーに頼ってしまって引き上がりにくい場合は、壁に向かって立ち、指で壁を押しながらプリエなしのライズアップを行うことで、強い上半身も身につきます。

トウシューズのためのテーピング

より正しく足裏を使って踊るために、テーピングの助けを借りるのも手です。上手な巻き方を覚えて、踊りにくさや痛みを軽減させましょう。※ここではキネシオロジーテープを使用しています

外反母趾対策のテーピング

切れ目を入れる

親指のねじれを正すテーピングです。つま先からかかとを覆う長さにテープを切ったら、片端に切れ目を入れます。

切れ目の片端で親指の腹（付け根から第一関節の間）を包むようにして、テープを留めます。

もう片端でも親指を包むようにして、テープを留めます。

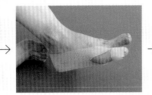

テープを引っ張りながら、はくり紙をはがします。

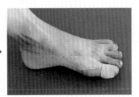

かかとを覆うようにしてテープを回し、内くるぶしのあたりで留めます。

足裏にテープを貼りつけて完成です。かかとにしっかりと回して貼ることで、親指の位置が戻らないように固定されます。

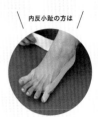

内反小趾の方は

内反小趾の方は小指側に同じことを行います。

合わせて行っても！

足裏の横アーチを保つためのテーピング

長さの目安はこちら

足の甲の部分をくるりと巻き、甲の部分が二重になる長さが目安です。

足裏の下に敷いてテープをはがし、甲を覆うように巻きつけます。なお、外反母趾が痛いからといって親指の下の骨にかぶせて巻いてしまうと、厚みが増すのでさらに悪化します。ご注意ください。

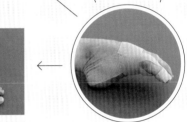

足裏を保護し、横アーチを保つためのテーピング

テープを折りたたみ、右の写真の形に切ります。

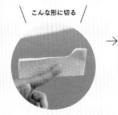

こんな形に切る

足裏にアーチを作ったら、はくり紙をはがしながらテープを指の付け根の下に貼っていきます。

Point

外反母趾の方は、飛び出した骨の上に貼ると押されて痛くなってしまうので、すこし下げて貼りましょう。

足裏に作ったアーチをつぶさないようにしながら、両端のテープを甲に二重に巻きつけます。

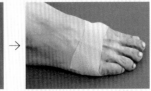

これで完成です。

裏から見ると…

内転筋を鍛えるエクササイズ

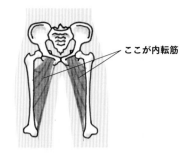

ここが内転筋

バレエを踊るためには、ももの内側にあるインナーマッスルの「内転筋」を使ってターンアウト（外旋）させることが必要です。トウシューズの場合、慣れないうちは内転筋が使いにくいため、しっかりとエクササイズをして鍛えておきましょう。

ひざでタオル押し

ひざの間にタオルなどの柔らかいものを挟み、内転筋を意識しながらゆっくりとタオルをつぶしていきます。ひざの力でつぶさないように注意してください。

壁を使ったエクササイズ①

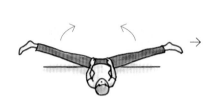 

壁に向かって横になり、壁に両脚を上げたら、できるだけ真横に大きく開きます。

内転筋を意識しながら、ゆっくりと脚を閉じていきます。このとき、背中を反らさないように注意すること。また、お尻が壁から離れないように気をつけて動かしましょう。

壁を使ったエクササイズ②

 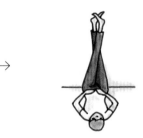

壁に向かって横になり、壁に両脚を上げて1番に開きます。

内転筋の力で脚を5番にクロスさせます。これを左右交互に行います。お尻が壁から離れないように気をつけて動かしましょう。

寝転んで行うエクササイズ

セラバンドを使ったルティレのエクササイズ

立った状態で、左足の裏でセラバンドを踏み、右足の甲にセラバンドを結びます。

内転筋の力で右足をひざまでゆっくりと持ち上げていき、ルティレの形になります。足を戻したら、反対側の足も同様に行います。

床に寝転がり、ひざを曲げた状態で両足を床に着けたら、左足で右足の足首を触ります。内転筋の力で左足をゆっくりとひざまで持ち上げていき、またゆっくり戻します。左右入れ替えて数回行いましょう。

トゥシューズでの踊り方

ダンサーたちは繊細なポワントワークを通して、
ストーリーや感情を客席に届けます。
そのためにどのような工夫をこらして
トゥシューズで踊っているのでしょうか?
3人のダンサーに踊り方の妙を語っていただきました。

本番用の一足選びに迷ったときは
私が自信を持って一歩を踏み出せると
感じられるトウシューズを選ぶ

小野絢子さん
（新国立劇場バレエ団／プリンシパル）

Ayako Ono

小林紀子バレエアカデミー、新国立劇場バレエ研修所を経て、2007年新国立劇場バレエ団に入団し、直後にビントレー振付『アラジン』の主役に抜擢、11年プリンシパルに昇格。主な受賞歴に、04年アテリン・ジェニー国際バレエコンクール金賞、11年芸術選奨文部科学大臣新人賞および舞踊批評家協会新人賞、14年服部智恵子賞、16年橘秋子賞優秀賞、19年芸術選奨文部科学大臣賞など。

小野絢子さんが舞台上を舞うとき、
その滑らかなポワントワークに魅了されます。
硬い靴で踊っていることを忘れるほど
トウシューズの音はほとんどせず、
その柔らかくて繊細なつま先からは、
時に音楽が、時に台詞が聞こえてきます。
小野さんは、その表現豊かな
ポワントワークを実現するため、
どのような工夫をしているのでしょうか？

〜〜〜〜〜〜〜〜〜〜〜〜〜〜〜〜〜

小野絢子さんのトウシューズ年表

10歳ごろにトウシューズを履き始める。
ファースト・トウシューズはチャコット製で、
途中からチャコットのベロネーゼを履くように。

↓

中学生になり、教室の方針でフリードを履き始めるが、
さまざまなメーカーを試してはフリードに戻り、
また試す……という日々が続く。

────〔試したメーカー〕────
グリシコ ／アビニヨン ／バレリーナ ／Rクラス

また、フリード内でもさまざまなマークを試す。

────〔試したマーク〕────
クラウン ／フィッシュ ／R ／アンカー

↓

フリードのRマークにたどり着くも、職人が引退。
アンカーを履くようになる。

↓

バレエ団に入団し、練習量が増えて足裏が上がってきたことで、
足のサイズが小さくなったため、
シューズのサイズを4.5から4に変更。

——小野さんが初めてトウシューズを履いたのは、何歳のときでしたか？

小学校4年生、10歳のときでした。先生のご指定で、最初はチャコットさんのトウシューズでしたが、中学生になってお稽古が本格的になってきたころ、先生からフリードを薦められて履くようになりました。ただ、潰れやすいのが難点で、もう少し長持ちするトウシューズを探すようになったのです。

——どんなトウシューズを試されましたか？

日本のメーカーですと、アビニヨンやバレリーナ。海外のものでは、グリシコやRクラスを試したときもありました。フリード内でも、クラウンにR、フィッシュ、アンカーなど、たくさんのマークを試しました。最終的にRマークにたどり着いたのですが、途中で職人さんが引退されてしまったのでアンカーに変えて、それ以来ずっとアンカーですね。

——アンカーにはどのような特徴がありますか？

プラットフォームがフラットに作られていて、安定感がありますね。さらにカスタムオーダーするときは、ヴァンプを少し長めにし、サイドを少し浅めにカット、さらにインソールは少し厚めにして、かかと分だけ切り落としてもらっています。

——加えて、ご自身でも加工をされていますよね？

職人さんによる手作りなので、時々プラットフォームが斜めになっていることがあり、その場合は先端を太い糸でかがってフラットになるように調整しています。ただ、ドゥミからオン・ポワントに移行するときに障害があるのが嫌なので、プラットフォームの底（足裏側）はかがっていません。

作りたてのトウシューズ

履きつぶしたトウシューズ

本文にあるように、履きつぶしたほうは左足の履き口をかがることで、小指側の骨が出るのを押さえている。新品のプラットフォームはフラットな出来だったので、先端はかがらなかったそう。なお、左足のレザーソールがないのは、届いたもののレザーソールが長すぎたので、全部はがしたという

トウシューズ用アイテム

プラットフォームをかがったり、リボンやゴムを縫うときは「カーブ針」を使用。曲線を縫いやすい。カット綿はトウパット代わりに使用しているもの。指全体を覆うのではなく、ひとさし指と比べて長さの足りない指の先を埋めるようにしている

——プロになられてから、変更した点はありましたか？

途中でサイズを変更しています。ソリストや主役を踊らせていただくようになってから練習量が増え、鍛えられて足裏のアーチが上がったんです。気づいたら足のサイズが小さくなっていて、今まで履いていた4.5サイズから、4サイズに下げました。それから、昔は市販のトウパットを使用していましたが、幅広の足を少しでも細幅に見せるために今はしていません。私の足はひとさし指が一番長い「ギリシャ型」なので、長さが足りない指先にコットンを詰めて隙間を埋めています。

——さきほどトウシューズを見せていただきましたが（上の写真）、左足だけ履き口をかがっていらっしゃいましたよね。その理由とは？

私は左足が内反小趾で、小指が内側に曲がって骨が出やすいので、骨を押さえるためにかがっています。最初はかがらずにおいて、1回履き慣らしたあとにかがるようにしています。

——リボンの選び方やつけ方へのこだわりはありますか?

最近、リボンをつける位置を吟味しているところです。ソールがもっと足裏に沿うように、リボンを使ってソールを引っ張り上げたくて、位置を調整しています。以前より少し前寄りにして、さらに内側と外側で位置を変えています。あと、以前からどんなにきつく結んでも、舞台上でゆるみがちで……『不思議の国のアリス』でアリスを踊ったとき、ほとんど袖に引っ込めなかったので結び直せず、ひやりとしました。そこからリボンを選び直して、最近はチャコットさんの「ストレッチトゥリボン」を使っています。

——消音という点ではどのような工夫をされていますか?

つま先から丁寧にドゥミを使って降りる、という正しい足の使い方ができれば、激しい音は出ないのですが……私も今でも難しさを感じています。ただ、少しでも音が出ないようにいくつか工夫をしています。少しでも長持ちするように内側から瞬間接着剤を流して固めているのですが、その塗り方にコツがあります(イラスト参照)! 走ったり跳んだりしたあと、最初に床に着くのはソールのつま先側、つまりプ

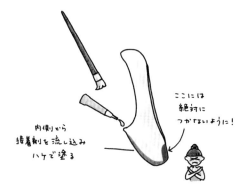

内側から
接着剤を流し込み
ハケで塗る

ここには
絶対に
つかないように!

ラットフォームのすぐ下です。そこが硬いとずっと音が消えないので、その部分に接着剤がつかないように気をつけています。とても難しいのですが、トウシューズを立てたまま塗るとやりやすいですね。それから、ソールのつま先側をコンクリートの床に叩きつけて、音を消すようにします。やりすぎると潰れてしまうので、心に決めて8回くらいです。

——本番の舞台で履くトウシューズは、どのようにして選んでいらっしゃいますか?

私は足と靴が分離している感覚が少しでもあると不安になってしまうので、役柄問わずに柔らかいシューズを選びがちです。本番では選択肢がありすぎると迷ってしまうので、前日までに2~3足までに絞り込んでおき、直前に舞台で履いてみて選ぶことにしています。

ケネス・マクミラン振付『ロメオとジュリエット』より。台詞を語るかのような、繊細なポワントワークが求められる

提供：新国立劇場／©Takashi Shikama

——幕ごとに履き替えることはありますか?

1幕踊るだけで柔らかくなってしまうので、幕ごとに履き替えるつもりで用意しています。でも、踊っている途中で「今日はバランスを変えないほうがいい」と感じた場合は、柔らかくても一足だけで踊り切ることもあります。

——トウシューズ選びが特に難しい演目は?

『眠れる森の美女』は難しいですね……。とくに1幕のポワントがとても難しいです。ローズ・アダジオもあるのでしっかりと立てる硬めのシューズを選びたいのですが、登場のシーンでは16歳のお姫様が軽やかに駆け込んでくるので、足音がしたら台無しです。となると、柔らかいのにしっかり立てるという究極のシューズが必要になってしまい、そんな靴はなかなかない。硬いものと柔らかいもの、どちらを選ぶかで直前まで迷いますが、結局は「どちらのほうが自信を持って安心して舞台に挑めるか」で選んでいますね。トウシューズはパートナーのような存在なので、信頼できていないと自信を持って歩き出せないですから。

——トウシューズだからこそ難しさを感じるステップはありますか?

パ・ド・ブレは本当に難しいですね。上手な方がパ・ド・ブレをすると、観ていらっしゃるお客様に魔法がかかると思うんです。たとえば『ジゼル』でミルタが舞台上を滑らかなパ・ド・ブレで進むと「人間ではないものが通った」と感じられて、客席は一気に引き込まれます。あとはやっぱり、歩き方や走り方は難しいです。ソールに厚みがある分、床と少し距離があるので、どうしても「靴を履いている」感じが出てしまって……。

——ケネス・マクミラン作品では、トウシューズで素足のように踊ることを求められますよね?

デヴィッド・ビントレー振付『アラジン』より、3幕。オン・ポワントのまま素早く切り替える振付が多く、コントロールも工夫が必要になる
提供:新国立劇場／©Takashi Shikama

そうですね、より足と一体感のあるトウシューズを選んでいます。バレエシューズのように柔らかいものを選ぶことも。古典作品には大技があるので、どうしても立ち心地の優先度が高くなるのですが、マクミラン作品を踊るときは、フィット感やラインの美しさの優先順位が上がります。

——デヴィッド・ビントレー作品は、ポワントワークが非常にハードに感じますが……。

オン・ポワントでの切り替えが多いのが特徴で、ポワント上での難しいコントロールが多いです。湯川麻美子さんは抜群の技術を持っていらっしゃって、一見何でもなさそうに踊っていらしたのですが、実際に同じパをすると非常に難しい。『アラジン』の3幕にプリンセスがマグリブ人を誘惑するソロがあるのですが、そのポワントワークは私にとって大きなチャレンジでした。

——最後に、ご自身のポワントワークにおける課題があれば教えてください。

私の足はギリシャ型でひとさし指が長いので、シューズの中でひとさし指の関節が折れ、ハンマートウになりがちです。そうするとマメもできやすくて痛いので、5〜6年かけてコツコツと癖を直しています。足裏のトレーニングを強化し、指をぎゅっと丸めずに使うことで、だいぶ伸びてきました。まだ先は長いですが、諦めずに直していきます。

——本日はありがとうございました!

トゥシューズで踊るときは
音楽がつま先にどう伝わり
流れていくかをいつも意識している

渡辺恭子さん
（スターダンサーズ・バレエ団／ダンサー）

Kyoko Watanabe

胡桃バレエスタジオを経て、13歳でフランスに渡り、ジュンヌ・バレエ・ド・パリ　スタンローワバレエ学校入学。2003年にパリ高等音楽舞踊学院編入。05年にスイス・オペラ座チューリッヒに入団し、翌年にドイツのオペラ座ライプツィヒに移籍。08年に帰国後、スターダンサーズ・バレエ団に入団。13年から文化庁在外研修員としてドイツ・カールスルーエ州立劇場で2年間踊り、帰国。以降、多くの作品でプリンシパルロールを務めている。

渡辺恭子さんのトゥシューズ年表

10歳ごろにトゥシューズを履き始める。
ファースト・トゥシューズはバレリーナのレガート。
その後、チャコットのベロネーゼを履くように。

↓

13歳でフランスに渡り、サンシャを履き始める。

↓

先生の勧めでフリードに変更。
床に近い感覚に慣れず、違和感を抱いたまま2年が経過。

↓

高校生のころ、ブロックUKのシューズを譲り受けて履き始め、
6～7年履き続けた。

↓

オペラ座ライプツィヒに移籍後、
バレエ団の指定で再びフリードに。

↓

日本に帰国。
すでにブロックUKが廃番になっていたため、
1年かけてさまざまなメーカーを試した。

〔試したメーカー〕
カペジオ／グリシコ／Rクラス／ゲイナー・ミンデンなど

↓

ブロックのセレナーデにたどり着く。
しかし、今でも常にベストな一足を探している。

渡辺恭子さんはクラシック作品を踊るとき、
いつも軽やかで上品な舞いを
見せてくださいます。しかし彼女は、
フォーサイスやバランシン作品のように
ハードなポワントワークを必要とする
タフな作品も涼やかに踊りこなします。
どのようにして、幅広いレパートリーを
トゥシューズで
踊りこなしているのでしょうか？

——渡辺さんにとって初めてのトウシューズは、いつごろでしたか?

10歳のころに履かせていただきました。お教室の指定で、確かバレリーナのトウシューズだったと思います。その後、バレリーナのレガート、チャコットのベロネーゼと種類を変えていきました。

——中学生のときにフランスに渡られて、そこでトウシューズも変わりましたか?

サンシャのトウシューズを履くようになりました。その理由はちょっと恥ずかしくて……パリのサンシャは、2足買うと1足タダだったんです(笑)。でも、先生のご指摘で途中からフリードを履き始めました。ただ、私はトウシューズを履いたとき、靴の中のつま先と床が近い感覚が昔から好きではないんです。それで、当時もフリードが苦手だなと思いながら、先生から言われたので2年ほど履いていました。

——どのタイミングで、別のシューズに変更を?

ある日、先生から「オペラ座のダンサーが履かなくなったトウシューズがあって、あなたの足に合いそうだから履いてみる?」と勧められ、履いてみたらそれがピッタリ! ブロックUKというトウシューズで、しかもそのダンサーのカスタムオーダーも私好みでした。履き口はほどよく浅く、ヴァンプは長め。私の足は幅広ですが、履いたときに細長く見えました。オン・バランスを見つけるのが楽で、新品を履いて立った瞬間からハマっている感覚がありました。

——運命の一足ですね! そのシューズをどのくらい履いていらしたのですか?

6〜7年は履いていましたね。持ち主であったダンサーのオーダー内容に加え、かかとの釘を抜くことと、ソールのかかと側を少し細くすることもお願いしていました。私のオーダーは「KW」マークと呼ばれるようになりました。

——ご自身の頭文字のマークとは、素敵ですね!

ブロックUKをオーダーしていたときは、本当に快適で幸せだったのですが、ライプツィヒのバレエ団

作りたてのトウシューズ

履きつぶしたトウシューズ

上は一度だけ試し履きしたもので、右は本番で使用したもの。かかと側の釘を抜いたらシャンクは切らず中敷きをかぶせて接着剤で貼りつけている。プラットフォームの周りは180°ぐるりと囲ってかがることで、オン・ポワント時の安定性を高めている

トウシューズ用アイテム

糸切りはさみの隣にあるのは手芸用のリッパーで、糸を切ったりほどいたりする際に便利。リボンの付け替えに使用しているそう。糸は2種類あり、細い糸(上)をプラットフォームに巻いて土台にし、太い糸で土台を巻き込みながらかがっている

に移籍したら、フリードで踊るようにとの指定があり、またフリードを履くことになりました。それで2年間頑張って履いて、日本に帰国するときには、もうブロックUKが廃番になっていたんです。一生履けると思っていた靴だったので、ショックでした……もう踊れなくなる、と思ったほどです。

——それに代わるシューズを、どうやって見つけられたのでしょうか?

1年間は、カペジオやグリシコ、Rクラス、ゲイナー・ミンデンなど、足を入れて痛くなければとりあえず買って試しました。最後にたどり着いたのが、ブロックのセレナーデです。全体的に平均点が高いシューズで、足なじみがよいのでジャンプも回転もしやすいですね。ただ、ブロックUKと比べてしまうと、少し惜しい感じ。履き

HASEAGAWA Photo Pro.

ピーター・ライト振付『コッペリア』より、3幕のグラン・パ・ド・ドゥ。2幕は演技中心、3幕はグラン・パ・ド・ドゥのため、幕ごとに異なるトウシューズを用意する

提供：スターダンサーズ・バレエ団／©Kiyonori Hasegawa

Kyoko Watanabe Dancer

口がもう少し浅いほうが好みで、縫い込んでしまいたいのですが、ブロックは生地が硬くて縫いにくい。あと、プラットフォームがかがりにくいときがあります。

——ご自身で行っている加工は？

まず、足裏にソールがフィットしやすいように、かかと側の釘は抜いています。それからプラットフォームをぐるりと囲うようにかがっています。これはチューリッヒ・バレエの芸術監督からの指定で始めましたが、安定感を高め、長持ちさせる目的で今も続けています。シャンクは切っていません。

——渡辺さんがトウシューズで踊るとき、とくに気をつけていらっしゃる点は？

足先は力が強いので、つい足先主導で動いてしまいがちですが、お腹が主導で、ハムストリングス、そして足先にエネルギーが伝わって動くのが正しい使い方。その動かし方は常に意識しています。あと、留学時代に先生方から「つま先で物語を語るように」と言われてきました。ですから、音楽がつま先にど

う伝わり、流れていくかをいつも意識しています。

——古典バレエを踊られるときは、どのようにトウシューズを選んでいらっしゃいますか？

グラン・パ・ド・ドゥは硬めのトウシューズで踊るのが好きなので、新品に近いものを選びます。でも、それ以外のシーンでは、動きやすさ重視。演技も軽やかに見せたいので、足になじんだものを選ぶことが多いです。たとえば『コッペリア』の場合は、2幕は演技が多いので自由に踊れるように柔らかめ、1幕はもう少し硬いもの、3幕はグラン・パ・ド・ドゥがあるので硬めと幕ごとに用意しておき、履き替えます。

——計画通りにいくものですか？

予定と変わることは多々あります。履き替えるつもりが、1幕踊ってみたときの感触で、ずっと同じトウシューズを履き続けることもあります。先日も、目星をつけていたシューズに本番直前に足を入れたら「何かが違う」と感じました。立ったとき、左足が小指側に倒れようとしてしまう。立つことは可能

でしたが、無駄なエネルギーを使ってしまうのが嫌なので、急きょ変えました。

——ウィリアム・フォーサイス振付『ステップテクスト』に挑戦されましたよね。フォーサイスのポワントワークはオフバランスも多く、高難度のコントロール力を要求されるかと思いますが、どのような練習や工夫をされましたか？

振付指導のトニーさん（アントニー・リッツィー氏）からフットワークは褒めていただけたのですが、上半身をもっと鍛えるようにとアドバイスいただきました。上半身が強くないとオフバランスのコントロールが保てないですし、男性と押し合うような振付もあるので、対等にいられる強さも必要です。

——そのために、どのようなトレーニングを取り入れたのでしょうか？

リハーサル期間の2カ月間、バーレッスン中に両手に2kgのダンベルを持って踊りました。脇から腕全体を使うことを意識したおかげで上半身が強くなり、踊りやすくなりました。あとは、プリエから次のムーブメントに素早く移行することも多いので、プリエへの意識も高めましたね。

——フォーサイス作品を踊ったことで、変わった部分はありましたか？

体のあらゆる箇所の可動範囲を知ることができ「私の体はこんなところまで行けるんだ、行っていいんだ」という発見がありました。今まで、心のどこかで「そんなところまで行ってはいけないんじゃないか」と思い込んでいたことに気づいたんです。でも、可動範囲を知ったことで「もっと超えてみよう」「そこまで行ったら、どう戻そう」「あえて今回は行かないでおこう」などと選択できるようになり、ほかの作品でも意識の仕方が変わってきました。

——バランシン作品も踊っていらっしゃいますが、あの速さのポワントワークをこなすために、どのようなトレーニングをされましたか？

足が強くないとスタミナ切れになるので、レッスンではとにかくアレグロを頑張るようにしています。私は『スコッチ・シンフォニー』のスコッチガールを踊らせていただきましたが、舞台に出ていくとき

は毎回、戦場に行くような気持ちでした。ジャンプが多くて、本当にきつくて……。振付指導のベン・ヒューズさんには「大きく動け」と何度も言われました。音の最後、伸びきるところまで全部使って大きく動くことが大切ですね。足元は細かいポワントワークなのに、全身は大きく使わないといけないところに難しさを感じます。

——最後になりますが、ポワントワークに関してアドバイスをお聞かせください。

甲を出すことに意識が向く方は多いですが、やはり正しいアンドゥオールをした上で、つま先をどう見せるかが大切だと感じます。アンドゥオールができていれば、甲を美しく見せられる角度は必ずあります。そのために、ア・テールの状態でくるぶし、ふくらはぎ、内ももを螺旋状に回す意識を保ち続けないといけない。だからまずはア・テールを大切にしてほしいと思います。

——本日はありがとうございました！

HASEAGAWA Photo Pro.

ウィリアム・フォーサイス振付『ステップテクスト』より。女性1人、男性3人で踊られる、抽象的かつドラマティックな作品。パワフルなポワントワークが求められる
提供：スターダンサーズ・バレエ団／©Kiyonori Hasegawa

足にぴたりと合うトウシューズに
出会えると、それまでに
できなかったことができるようになる

織山万梨子さん

（牧阿佐美バレヱ団／ファースト・ソリスト）

Mariko Oriyama

桐朋学園 日本ジュニアバレエ
A.M.ステューデンツ 第25回生 を経
て、2004年のユースアメリカグランプリにてトップ12及びスカラシップを受
賞し、3月渡米アメリカのハリッド・コンセルヴァトリーに留学、首席で卒業後
07年に牧阿佐美バレヱ団に入団。12年
頃からさまざまな役に配役され活躍、さ
まざまな役柄の役に主役デビュー。その
後、2017年ファースト・ソリストとし
て主要な役を務める。

織山万梨子さんは美しい甲をお持ちで、
安定感のあるポワントワークがとても優雅です。
「トウシューズは私のメンター」と
語っている（P.13）ように、
彼女にとってトウシューズは心強い味方。
しかし、現在もシューズ選びに苦心し、
研究を重ねなから加工されているそうです。
一体とのような工夫をされているのでしょうか？

織山万梨子さんのトウシューズ年表

10歳ごろにトウシューズを履き始める。最初は
シルビアのサテントップを履き、その後、グリシコのフェッテ、
さらにブロックのアルファ、ブロックのソナタと試すように。

↓

中学2年生のとき、フリードを履き始める。

↓

中学3年生から、フリードと同時にアビニヨンも履くように。

↓

アメリカに留学し、再びブロックのソナタを履き始める。

↓

ニューヨークにあるカペジオの店舗を訪れ、プレリュードに出会う。

↓

プレリュードが廃番になり、さまざまなメーカーを試すように。

〔試したもの〕

グリシコ マヤⅠプロフレックス ／ チャコット スワン
グリシコ マヤⅠプロ ／ ゲイナー・ミンデン ソ・ダンサ など

↓

ゲイナー・ミンデンを3年ほど履くも慣れず、
フリード内でさまざまなマークを試す。

〔試したマーク〕

フィッシュ ／ スクイーグル ／ ワイングラス

↓

スクイーグルがベストだが入手困難なときも多いため、
フリード内でほかのマークを加工して履くことも。

── 織山さんが初めてトウシューズを履いたのは、何歳のときでしたか？

10歳くらいでした。最初は学校の指定でシルビアのサテントップを履いていました。でも、私はいろいろ試してみたくて、グリシコやブロックなどにもトライしましたね。中学2年からはフリードを試すようになりました。でも当時はまだ模索中で、アビニヨンも併用していました。

── 中学生のときにアメリカに渡られますが、そこでトウシューズも変えられましたか？

留学先ではまず、ブロックのソナタを試したのですが、足と一体化しない感覚がありました。そこで別のポワントを探すようになったときに出会ったのが、カペジオのプレリュードでした。履いて踊ったときに「それまでできなかったことができるようになった！」という感動があったのです。スムーズにオン・ポワントに移行でき、自分の思うようにコントロールして踊れて快適でした。

── まさに「運命の一足」ですね！

「一生これでいける」と思っていたのですが、残念ながら廃番に……。本当にショックで落ち込みましたが、踊りは続けないといけないので、そこからは必死で自分に合うトウシューズを探す日々。でも、なかなかしっくりこなくて、試しに履き始めたのがゲイナー・ミンデンでした。

── ゲイナー・ミンデンのトウシューズは、ほかのシューズとは履き心地が異なりますよね？

独特の立ち方と降り方が必要になると感じました。

作りたてのトウシューズ

履きつぶしたトウシューズ

いずれもフリードのスクイーグル。リボンは、インソールの底を通して縫い付けることで、足裏へのフィット感を高めている。また、履き口をかがることで、甲が前に出すぎるのを防いでいる。
※織山さんの詳しい加工方法はP.120へ

トウシューズ用アイテム

木工用ボンドはインソールのレザーを貼り合わせるもので、瞬間接着剤は柔らかくなったときに硬くするためのもの。白いゴムは、履き口に足を沿わせるために引き紐の入っていた位置に通す（引き紐はプラットフォームをかがる際の土台に）

細身で足がすっきり見えるので、3年くらい履いていましたね。ただ、私の場合はドゥミ・ポワントの通りにくさが気になったのと、リボンやゴムをつけるときに縫いにくくて1足あたり2時間もかかったので、次第に「ほかのものを探そう」と思うようになりました。ちなみに、手で縫うのが大変なのでミシンを使ったら、ミシンが壊れました（笑）。

── 次に履き始めたトウシューズは？

私が理想とする「足と一体感のあるトウシューズ」について考えたとき、やはりフリードがよいと思ったのです。それに、フリードであれば自分好みにカスタマイズもしやすいと感じました。それでフリードのマーク違いをいくつも試して、最終的にはスクイーグルがベストだと感じました。

── 「スクイークルがベスト」と感じた決め手は何だったのですか？

あるとき、『眠れる森の美女』でカナリアの精を踊る

機会がありました。私は"カギ足"と呼ばれる、フレックスの状態でポワントに立ったままプリエするステップ（例・『ジゼル』1幕のヴァリエーションにあるポワントポップの軸足で用いられる、足の使い方）がとても苦手で苦労していたのですが、スクイーグルを履いてみるとそれが踊れたのです。

――それでは現在もスクイークルを？

フリードの場合は、ひとりの職人さんが手作りをされているので入荷待ちになることが多く、場合によっては何カ月も入手できないことも。ですので、今はスクイーグルにこだわりすぎず、店頭にあるフリードのトウシューズを片っ端から履いてみて、よさそうであれば別のマークも試しています。最近はシールドも履くようになりました。

――織山さんがトウシューズを選ぶ基準とは？

できなかったことができるようになる、というのは決め手になります。形の好みとしては、ボックス部分が四角すぎるものより、足先に向けて細く絞り込まれたもののほうが好きです。それから、なるべく細幅を履いて足をシャープに見せたいのと、足先と足裏でしっかりと床を感じていたいので、トウパッ

トはつけずに履いています。

――コール・ド・バレエで踊っていらした時代、トウシューズ選びが難しかった作品はありますか？

『白鳥の湖』ですね。白鳥のコール・ド・バレエは、大勢で踊りながらも足音を立てないことが必須になります。2幕ではあまりルルヴェする場面がないので、音を立てないためにも完全に潰れていて、捨てる寸前のトウシューズを選びます。いっぽうで、4幕の白鳥たちはパ・ド・ブレが多いので、2幕とは逆にしっかりと立てる硬いシューズでないといけない。ですから、4幕はほぼ新品のトウシューズを選びます。とはいえ、足音を立ててはいけないので、慎重に踊らないといけません。

――ソロの踊りで、トウシューズを選ぶのが難しいものはありましたか？

『くるみ割り人形』の金平糖の精も、選ぶのが難しかったですね。立ちっぱなしのところが多いので、あまり柔らかいものを履くと踊っている最中に崩れてきてしまう。でも、ヴァリエーションの音楽はとても静かなので、硬いシューズでは音が出て雰囲気を壊してしまいます。ですから、ほどよく履きこな

『くるみ割り人形』金平糖の精のヴァリエーションより。チェレスタ（楽器）の繊細な音色を壊さないよう、音の出にくいシューズを選ぶ
提供：牧阿佐美バレヱ団／©Takashi Shikama

しているけれど、形がきれいに残っているものを選んでいます。

——グラン・パ・ド・ドゥを踊るとき、こだわっている点はありますか？

古典作品のグラン・パ・ド・ドゥは左足軸のパが多いので、左足のトゥシューズばかり潰れてしまいます。ですから、右足のことは置いておいて、左足はしっかり立てるシューズを選んでいます。

——ほかにも、トゥシューズ選びで悩んだ演目はありましたか？

『パリの炎』を踊ったときは悩みました。先ほどお伝えしたように、私はカギ足でホップするのが苦手なのですが、それが見せ場なのです。カギ足で踊るには幅が広くて、プラットフォームが広いほうが安定するので、フリードのフィッシュがベター。でも、回転も多い踊りで、回転の際は先が細いワイングラスがいい。途中で履き替えるわけにもいかないので非常に悩んだのですが、結局カギ足を成功させるためにフィッシュで踊りました。

——カギ足、ご自身にとっては課題ですか？

昔から苦手で……私は甲が前に出てしまっているので、足首にロックをかけて踊りにくい。でも、トゥシューズ選びを工夫することで、ずいぶんよくなりました。あとは自分の技術力とメンタルの問題ですね。カギ足だけに限りませんが、怖くなるとできるものもできない。だからいつも「やるっきゃない」と、自分を追い込むようにしています。

——少しでも怖いと感じると、思うように力が発揮できないことは日常でもありますものね。

メンタルは本当に大切ですよね。本番用のトゥシューズも、あまりに選択肢が多いと直前で迷ってしまうので、何足も準備することはしません。「これで踊るしかない！」と腹をくくったほうが、意外とよく踊れるように思います。

——履きつぶしたトゥシューズを拝見すると、ツヤを消していらっしゃいますね。

バレエ団や演目によっては、サテン生地のツヤを消す指定が入ることがあります。個人的にはツヤが

『白鳥の湖』第2幕より、小さい4羽の白鳥（左から2番目が織山さん）。バレエ・ブランを複数人で踊る際には、普段以上に足音のコントロールが必要
提供：牧阿佐美バレヱ団／©Kiyonori Hasegawa

あったほうが好きなのですが、とくにコール・ド・バレエは指定されたら必ず消さないといけません。『白鳥の湖』『ラ・シルフィード』『ジゼル』のような白いバレエでは人間ではない役柄ですので、靴の存在を目立たせないためにツヤを消すことが多いです。逆に、バランシンやプティの作品では、ツヤありで指定されることが多いですね。

——トゥシューズ選びのアドバイスをお願いします。

以前、あるトゥシューズを履いていたときに、周囲から「立ったときの見え方が気になる」「誰の足だかわからなかった」と言われたことがあります。足もダンサーにとって大切な個性の一つですので、すぐに別のトゥシューズに変えました。立ちやすさ、踊りやすさはもちろん重要ですが、見え方も個性に関わりますので、選ぶ際に気にするとよいと思います。

——本日はありがとうございました！

僕が
トウシューズで
トレーニングする
理由

トウシューズでバーレッスンをすると
甲が出やすくなり、
つま先を伸ばす感覚がつかみやすくなります

—— 堀内將平さん

（K バレエ カンパニー／プリンシパル）

Shohei Horiuchi

10 歳よりバレエを始める。2008 年ジョン・クランコ・バレエ スクールに留学。12 年よりルーマニア国立バレエ団に在籍し、ファースト・ソリストとして活躍。15 年 8 月 K バレエ カンパニーに入団。20 年 10 月にプリンシパルに昇格した。

時折 SNS で、トレーニングのためにトウシューズを履いている男性ダンサーの姿を見かけていました。確かにポワントワークは、バレエシューズ以上に足裏を使ってソールを"つかむ"必要があるので、すべてのダンサーにとってよいトレーニングになるはず。K バレエ カンパニーの堀内さんもそのおひとりです。普段どのような目的で、どのようなレッスンを取り入れているのでしょうか？ バレエを学ぶ男子たちへのアドバイスも含め、トウシューズで踊るメリットを詳しく教えていただきました！

——堀内さんがトウシューズでレッスンを始めたきっかけを教えてください。

僕がトウシューズを履き始めたのは、10 歳のころから。もともとボリショイ・バレエ学校で教えていらしたロシア人の先生に習っていて、彼女が「トウシューズを履くことは脚にいいから男の子も履きなさい」という方針でした。男子は僕だけでしたが、女の子たちに混ざってトウシューズでのレッスンを受けるようになりました。

——当時はどんなトウシューズを履いていらしたのですか？

当時、ボリショイ・バレエ団はカンパニー内でトウシューズを作っていたそうなのです。先生は毎年ロシアに帰省するたび、劇場から箱いっぱいの子ども用のシューズを持ち帰って、僕たちに支給してくださいました。あとは先生に選んでいただいて、Rクラスを履いていたこともあります。

——堀内さんは海外のバレエスクールに入学されていますが、そこでもトウシューズのレッスンをされていましたか？

14歳からドイツに留学しました。レッスンのときは履かなかったのですが、トウシューズを持って行っていたので、自習で履くことはよくありました。日本で先生からトウシューズの基本のトレーニングは教わっていたので、甲を出すためのエクササイズを自主練として取り入れていました。

——以降はプロになってからも、ずっとポワントを？

足を痛めていたことがあって履いていない時期もありましたが、Kバレエ カンパニーに入団して『バレエ ピーターラビット™と仲間たち』でトウシューズを履く機会があり、それから毎日トウシューズでバーレッスンをするようになりました。

——堀内さんが日々のお稽古にトウシューズを取り入れた理由は、なぜだったのでしょうか？

トウシューズを履いてバーレッスンをした日は、体の引き上がり具合が、バレエシューズだけのときとはまったく違うからです。体がよく引き上がった状態でセンターレッスンに移行できるので、バランス

レッスンで履いているトウシューズ。左は以前履いていたRクラス、右がゲイナー・ミンデン。甲が乗りすぎないよう、履き口を糸でかがっている

も取りやすくなります。また、トウシューズで踊ってからバレエシューズに履き替えると、足裏をいつも以上にしっかり使って踊れるので、つま先を伸ばす感覚がつかみやすいのもメリットです。甲を出すためのトレーニングにもなりますね。

——普段はどちらのトウシューズを履いていらっしゃいますか？

今まではRクラスでしたが、女性よりも男性は20kg近く体重が重いので、潰れやすくて……レッスン1〜2回で潰れていたので、耐久性が高いものにしたくて去年からゲイナー・ミンデンに変えました。変えてからは潰れにくくなり、快適に踊っています。

なったんです。効果を実感してくれたようでした。

——これからトウシューズのレッスンを取り入れてみようと思う男子たちにアドバイスはありますか？

トウシューズを履き慣れていないと、どうしても「ひざを伸ばす」ことへの感覚が強くなりすぎて、引き上げることが二の次になりやすいです。引き上げた結果、ひざが伸びるわけで、順番を間違えるとひざは伸びきらないし、引き上げも不足してしまいます。

——ひざに力を入れてしまうと、ほかのパーツも正しく使えないですよね。

ひざを先に入れると、つま先も伸びにくいと整形外科の先生に教わったことがあります。ひざが伸びるのは結果なんですよね。まず引き上げる、そして足裏を使って正しくつま先を伸ばせば、自然とひざは伸びるはず。その順番を間違えないようにお稽古してほしいと思います。

——貴重なお話をありがとうございました！

——男性ダンサーやバレエを学ぶ男の子たちにも、トウシューズでのレッスンを薦めますか？

薦めます！　とくに日本人の男の子を見ていて、甲が出ないのがもったいないと感じることがあるので、甲を出すためにもトウシューズでのエクササイズを薦めています。また、脚をきちんと伸ばしきる感覚が弱いとも思います。トウシューズを履くと、足裏を使って脚からつま先までを意識しやすいので、脚のラインが変わってくると思います。

——実際に男子の生徒さんにトウシューズの指導をされていたことも？

ありますよ。生徒たちの甲を出すことを目的にしていたので、トウシューズを履いて甲を出す訓練になるようなエクササイズは多めに取り入れていました。そのうちに、生徒たちのほうから「今日、ポワント履いてもいいですか？」と聞いてくれるように

堀内さんの美しい甲高の足と足裏の高いアーチは、日々のトウシューズによるレッスンを通して養ってきたもの

トウシューズをレッスンに取り入れるBOYSたちへのアドバイス

 →  →

足の甲を出すために、僕がよく行っているエクササイズです。オン・ポワントで2番に立ち、プリエをしたらソールを足裏にしっかりと吸いつけ、甲を押し出します。できるだけ高い甲を保ったまま、内転筋を使って脚を外に回しながら、ゆっくりとひざを伸ばしていきます。このとき、足首が引けてしまったり、プラットフォームの位置がズレたりしないように注意しましょう。内転筋のトレーニングとしても効果的です。

トウシューズの加工の仕方

トウシューズでもっと踊りやすくするため、ダンサーは
シャンクやプラットフォームなどに加工を施します。
踊りにくさや痛みなど、さまざまな悩みを
解消するヒントを得るために、
織山万梨子さんに加工方法を教えていただきました。

織山万梨子さんの トウシューズ加工テクニック

織山さんの加工方法には、トウシューズを履いたときに抱える悩みを解消するヒントがたくさん詰まっています。彼女の方法を取り入れれば、足裏とソールはよりフィットしやすくなり、癖によって傾きがちなプラットフォームの安定性も高まるでしょう。悩みに合わせて、一部を取り入れるだけでも変わるはず！

使用したのは
フリードのアンカー

加工に使用した
道具一式

○かかと用ゴム ○リボン
○引き紐用丸ゴム
○ししゅう針（太）
○普通針 ○レース糸
○はさみ ○ペンチ ○ライター
○チーズおろし器
○木工用ボンド
○瞬間接着剤
○ボディ用ファンデーション
○スポンジ

START!

ゴムをつける

※トウシューズの加工は中・上級者向けのものです。初心者や子どもが加工する場合は、必ずお教室の先生に相談しましょう

① 1足あたりゴムを2本用意して、ゴムの端を内側に折り込みながら、1本ずつかかとに縫いつけます。

② もう1本のゴムもかかとにつけます。引き紐も一緒に縫い込まないよう、注意しましょう。

③ 1足あたりリボンを1本用意し、縫いつける位置を決めます。ソールの下を通すので、長めのものを用意しましょう。

④ 片方のゴムをクロスさせ、ゴムの端とあわせてリボンをシューズに縫いつけます。

⑤ 横に向かって縫いつけていったら、端で玉留めします。

インソールのシャンクを切る

① ペンチを使って、インソールをはがしていきます。

② インソールの真ん中あたりまで一気にはがします。

③ かかと側にある釘を抜きます。

④ インソールは数枚のシャンクで構成されているので、それをバラバラにします。

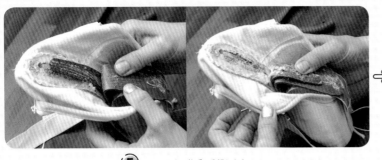

⑤ シャンクを1枚ずつ分解します。

⑥ 一番下のシャンクをペンチでつかみます。

⑦ ペンチを回しながら、1/2の位置からシャンクをカットします。土踏まずの真ん中に切れ目が来るとアーチにフィットしやすいです。

⑧ 中央のシャンクをペンチでつかみます。

⑨ 先ほどと同様に、ペンチを回しながら1/2の位置でシャンクをカットします。

⑩ 一番上にある中敷きを残して、最後のシャンクをペンチでつかみます。

⑪ 先ほどと同様に、ペンチを回しながら1/2の位置でシャンクをカットします。

リボンをつける

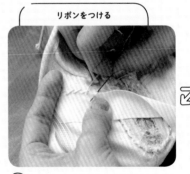

① リボンを縦に縫いつけていきます。

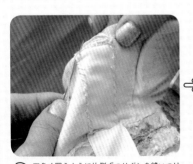

② 四角く囲うように片側ずつリボンを縫いつけます。

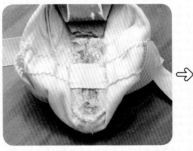

③ リボンを中敷きの下になるように渡して、反対側も同様にリボンを縫いつけます。

④ リボンの端をライターであぶって、ほつれないようにします。

⑤ 2本のゴムを十字にクロスさせながら、リボンと同じ位置に縫い留めます。クロスにすることでトウシューズや足のねじれを防ぐことができます。

⑥ 引き紐を引き抜きます。これは後から使用するので、取っておいてください。

中敷きを貼り合わせる

① 残しておいた中敷きの裏全体に木工用ボンドを塗ります。

② 踊っているときにめくれて擦れないように、しっかりと貼り合わせます。

プラットフォームをかがる

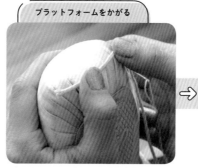

① 先ほど抜いた引き紐を土台にして、プラットフォームをかがります。

② 針を縦に入れ、引き紐を絡めながら糸をくぐらせ、かがっていきます。

③ 安定性を高めるため、プラットフォームの底側（足裏側）は引き紐を2重にして厚みを出します。

④ 底側まで縫ったら引き紐を切ります。玉留めはしなくてもOKです。

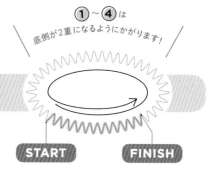

①〜④は
底側が2重になるようにかがります！

START FINISH

⑤ 引き紐を切った位置から続けて、①〜④でかがった引き紐と糸をまとめるように、糸でかがっていきます。

⑥ 織山さんは親指側に傾く癖があるので、親指側が2重になるようにかがって厚みを出します。玉留めしてから糸を切ります。

⑤⑥は
親指側が2重になるようにかがります！

FINISH

親指側

START

引き紐の穴にゴムを通す

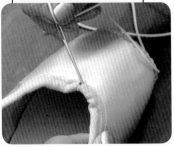

① 丸ゴム紐を太いししゅう針に通し、引き紐が入っていた穴に通していきます。引き紐がゴムになることで、足へのフィット感が高まります。

② 一気に通していくのは難しいので、数回に分けて穴を開けながら通します。

③ 通しにくい場合は、ペンチでつかんで引きだします。

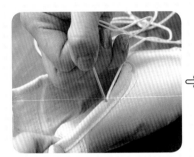

④ 同じ穴からゴムを入れます。

⑤ 再びペンチで引き出します。これを何度か繰り返します。

⑥ リボンやゴムがある位置は通しにくいので、ギャザーを寄せながら通しましょう。

⑦ 最後に、引き紐の穴からゴムが出るように通します。

⑧ ゴムが通ったら引き出します。

⑨ トウシューズに足を入れ、履き口が足に沿うようにゴムを絞って調節します。

⑩ ゴムを縛ったら、はさみでちょうどよい長さに切ります。

履き口をかがる

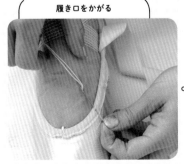

① 甲が押し出されて、前に乗りすぎてしまわないよう、履き口の前側をかがります。履いたまま行う場合は、針が刺さらないように十分に注意してください。

② 引き紐の穴のあたりに糸を通します。

③ この要領で少しずつ糸を通す位置をずらしながらかがっていきます。

④ かがり終えたら玉留めします。

⑤ 完成形です。かがる範囲は人によって異なりますので、各自調整してください。また、甲が出にくい人はかがる必要はありません。

ソールを削る

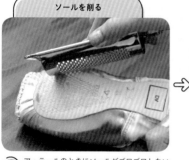

① ア・テールのときにソールがゴロゴロしないよう、チーズおろし器でソールを削って平らに整えます。

② かかと側もしっかりと削ります。

接着剤を流し込む

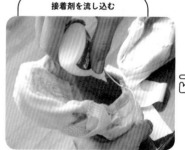

① 瞬間接着剤を流し込みます。ソール側に接着剤がつかないよう、シューズを立てて行うとやりやすいです。

② このように、内側から見るとプラットフォームの裏のみに接着剤をつけます。場合によっては、ハケを使うと便利でしょう。

FINISH!

完成です！　織山さんは以下の動画サイトでもトウシューズの加工方法を紹介していますので、ぜひご参照ください。
https://www.youtube.com/watch?v=W1cpvxhhJ74

ツヤ消し指定があった場合は…

演目によっては、トウシューズ表面のツヤを消すように指定があるので、その場合はボディ用の液体ファンデーションを全体に塗ります。手前にあるシューズくらいツヤが消えるように、しっかりと塗り込みます。

著者によるまとめ

織山さんの加工には、快適に踊るためのヒントがぎゅっと詰まっています。何年もかけてたどり着いたこの加工方法からは、彼女の「違和感を放っておかない」「しっくりこない部分は加工を工夫して足に合わせる」という熱意が感じられます。全プロセスを真似することは難しくても、たとえば「いつも片側に傾く癖がある」と感じたら、プラットフォームの片側を二重にかがる方法だけ取り入れてもよいですし、「足裏とソールをもっと沿わせたい」と感じるなら、リボンを中敷きの下にくぐらせて縫うとよいでしょう。部分的に取り入れることで少しでも快適に踊れるようになれば、自分なりの加工を模索できるはずです。

トゥシューズの怪我の防ぎ方

小さなプラットフォームで体を支えて踊るので、
トゥシューズで踊る場合はとくに
正しい筋肉や関節の使い方をしないと怪我につながります。
カイロプラクターの野津史宏先生に、
バレエの患者さんで多い怪我や故障のケースを教わりました。

トウシューズで踊るとき
使い方に注意したい 筋肉とは

バレエを踊るときは、普段とは異なる体の使い方が必要です。とくにトウシューズのときは、小さなプラットフォームで体を支えて踊るので、正しい筋肉や関節の使い方をしないと怪我につながる恐れがあります。カイロプラクターの野津史宏先生に、バレエの患者さんで多い怪我や故障のケースを挙げながら対策を教えてもらいました。

野津史宏さん
ノヅ・カイロ・クリニック院長

日大芸術学部卒業「芸術学士号」の肩書きを持ち、元放送局のプロデューサー＆ディレクターという異色の経歴を持つカイロプラクター。アメリカ・カイロプラクティック医師学会公認のカイロプラクティック・スクール在学中から治療活動を始めた。2002年から東京都・渋谷に自身のクリニックをオープン。IADMS（国際ダンス医科学学会）会員。

ノヅ・カイロ・クリニック
東京都渋谷区〇〇一丁目１１６
キムラビル南山002号室
03-3400-0050
11:00〜20:00（土日は〜18:00）
http://www.noychiro.com

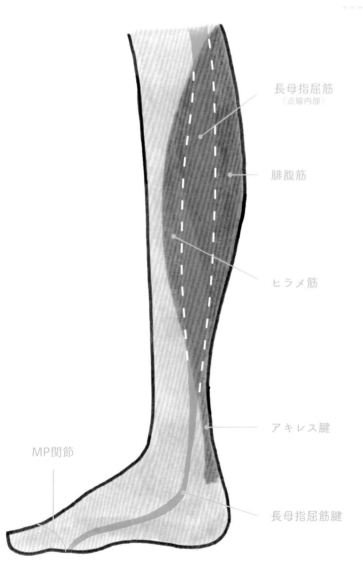

長母指屈筋
（点線内部）

腓腹筋

ヒラメ筋

アキレス腱

MP関節

長母指屈筋腱

——トウシューズを履いて踊るためには、全身の筋肉をバランスよくコーディネートする必要がありますが、先生が患者さんを診るなかで、とくに「使い方が要注意」と感じる筋肉はありますか？

ルルヴェするために必要な筋肉に「長母指屈筋」という筋肉があります。これはインナーマッスルで、ふくらはぎにあるヒラメ筋の奥を走っている筋肉です。長母指屈筋は、長母指屈筋腱という腱（筋肉と骨をつなげる組織）で、親指の骨につながっています。ア・テールからオン・ポワントになるとき、ダンサーの体内では長母指屈筋をメインに指の屈筋が働き、MP関節で床を押すことでルルヴェが行われます。このとき、ルルヴェに伴って、重心は親指側に移動します。

——ふくらはぎの筋肉を使ってルルヴェするのではない、ということですね？

そうなんです。長母指屈筋を覆っている腓腹筋とヒラメ筋というアウターマッスルは、とても強い筋肉なので力を入れやすく、こちらの方が使いやすいので要注意です。つま先を伸ばすときに指が曲がる方や、ア・テールから足を持ち上げるときに足裏が使えていない方は、ふくらはぎに力が入ってしまいます。故障にもつながりやすい使い方なのですが、このタイプの方は非常に多いですね。

——アキレス腱を痛める方は多いと思うのですが、それも腓腹筋とヒラメ筋に関係していますか？

腓腹筋とヒラメ筋の腱が有名なアキレス腱で、これはかかとについています。そのため、腓腹筋とヒラメ筋に力を入れてルルヴェをしようとすると、かかとが引っ張られアキレス腱が圧迫されてしまうのです。こうなるとアキレス腱に負荷がかかり、炎症を起こして痛みが出るケースが多くみられます。さらに、内転筋が使えていないと重心が親指側に乗らないので、小指側に倒れて足首がねじれてしまい、足首を痛めるケースもあります。

——正しく長母指屈筋を使ってルルヴェするためには、どのようなトレーニングが必要になりますか？

ふくらはぎの筋肉を使わずにルルヴェに押し上がるためには、やはり足裏の使い方がポイントになります。MP関節とかかとを押し、アーチを作るように土踏まずを引き上げることで、長母指屈筋をメインにして指の屈筋を適切に使うことができます。もし

足裏が弱いと、ルルヴェのときに腓腹筋とヒラメ筋が働いてしまうので、かかとを引っ張ってしまいます。足裏を正しく使えば甲も出やすくなり、ポワントワークも安定しますので、足裏は自由に使えるようにしておきたいですね。

野津先生のところには、プロダンサーからバレエを学ぶ学生、趣味のバレエの方まで、患者さんの約8割がバレエ関係のお悩みで訪れる

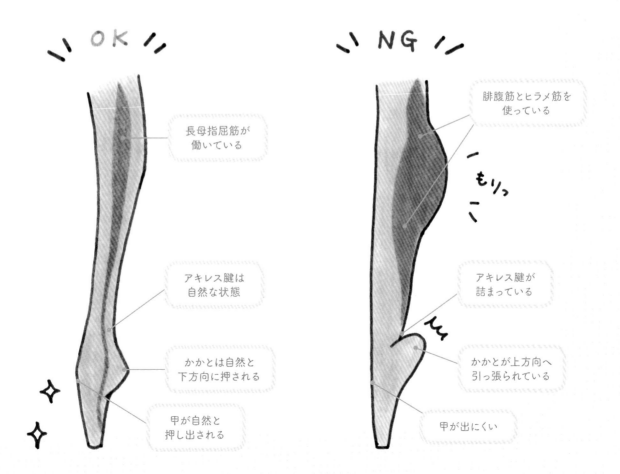

トウシューズの
よくある怪我と故障

ここでは誤った体の使い方や習慣によって生じる、さまざまな怪我と故障を紹介しています。とくに鍵となるのが、重心のかけ方。外重心になることで股関節やスネの痛み、足首の故障など、さまざまなトラブルが引き起こされます。

バレエの患者さんで多いのが、足首の故障です。原因は主に「オーバーユース（過剰なレッスン）」「レッスン環境」「外重心」の3つで、とくに多いのは3つ目の理由です。ルルヴェしたときに重心は親指側に乗るのが正しい使い方ですが、小指側に重心をかける「外重心」になってしまうと、大腿筋膜張筋（だいたいきんまくちょうきん）というアウターマッスルに力がかかってしまい、そこにつながる腸脛靭帯（ちょうけいじんたい）や前脛骨筋（ぜんけいこつきん）にもテンションがかかって、バレエのさまざまな動きに制限がかかることがあります。また、股関節やスネに痛みが生じるほか、足首がずれて炎症を起こしたり、三角骨という余分な骨ができる原因にもなります。外重心にならないためには、内転筋をきちんと使って正しくアン・ドゥオールできるようにトレーニングが必要です。

大腿筋膜張筋

大腿四頭筋

腸脛靭帯

前脛骨筋

★ 外重心になると…

股関節が痛いときは…

股関節が痛いとき、股関節の使い方そのものに問題があると考える方が多いのですが、実は元をたどると外重心に問題がある場合があります。股関節は、その周囲を大腿四頭筋（だいたいしとう）や大腿筋膜張筋という筋肉に覆われています。外重心で踊り続けていると大腿筋膜張筋が使われて硬くなるので、アン・ドゥオールしにくくなり、大腿四頭筋を使って踊るようになります。その結果、大腿四頭筋が張り、下にある股関節を圧迫するようになり痛みが出るのです。また、ア・ラ・スゴンドに脚を上げるときに大腿筋膜張筋が大転子を圧迫してしまうので、股関節周囲に痛みが出ます。

スネが張って痛いときは…

レッスン量の多いダンサーに多いのが「スネが張っていて、触ると痛い」というお悩みです。外重心になると、前脛骨筋を使いながら踊ることになります。そうするとスネが張って硬くなり、痛みが生じることも。慢性化するとスネの張りが邪魔をして、深いプリエができなくなったり、足先が伸ばしにくくなります。解決の近道は内転筋を鍛えること。内転筋を使えるようになれば重心位置も内側に代わっていきます。

内転筋を鍛えるエクササイズは P.102 へ

足首にトラブルを抱えるダンサーは多く、悪化すると怪我につながることも。ここではバレエダンサーに多い、足首の怪我や故障について紹介します。

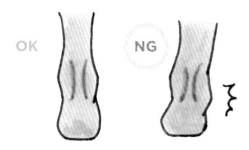

アキレス腱炎

アキレス腱とは、ふくらはぎの筋肉である腓腹筋とヒラメ筋をかかとの骨に付着させる、人体で最大の腱です。とても強靭な腱なのでかかる負担も大きく、ふくらはぎの筋肉をオーバーユースしたり、誤って外側に重心をかけたりと繰り返し負荷がかかってしまうと、周辺組織に炎症が起こることがよくあります。

主な症状として、アキレス腱に腫れや痛みが生じ、押さえると痛みが増します。痛みを我慢してレッスンを続けると症状が進み、アキレス腱が断裂する場合もあるので早期のケアが必要です。

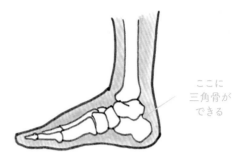

ここに三角骨ができる

三角骨障害

三角骨は「過剰骨（副骨）」と呼ばれる余分な骨で、10人に1人の割合でできると言われています。日常生活では支障がありませんが、この骨が関節の動きを邪魔してしまうため、つま先が伸びにくくなったり、トウシューズで立ちにくくなったりします。

腓腹筋とヒラメ筋を使って、かかとに負荷をかけた立ち方を続けると、症状が悪化して痛みが出る「有痛性三角骨」を発症したり、すぐ隣を通る長母指屈筋腱を圧迫する「長母指屈筋腱障害」につながる恐れがあります。プロを目指す場合、整形外科医院での切除が必要な場合も。

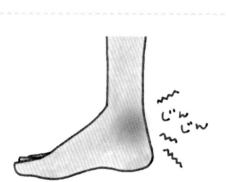

じんじん

足関節後方インピンジメント症候群

「タンデュすると痛む」という方が多いのがこちら。オン・ポワントのとき、足首の後ろ側が縮むと痛いという方もいます。アキレス腱の奥がじんじんと痛むのが特徴です。

原因としては、まず足首にテンションがかかったとき、靭帯組織が骨の間に挟まって炎症を起こす場合。また、長母指屈筋腱に炎症が起きている場合もあります。さらに、三角骨などの骨折が原因のことも。

解決策としては、足首に負担がかからないよう、足裏を使ってつま先を伸ばすことが必要です。

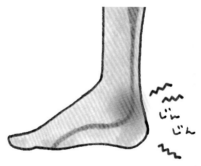

じんじん

長母指屈筋腱障害

バレエで生じる障害の中でとくに多いのが、長母指屈筋腱障害です。つま先を伸ばしてポワントしたときに、内くるぶしの下あたりが痛むのが特徴。長母指屈筋腱は親指についているので、ルルヴェアップを繰り返し行うと親指に負荷がかかり、炎症につながります。

症状が進むと、指の曲げ伸ばしの際に引っかかりが生じる「バネ指」になる場合があり、親指を伸ばす際に弾けるような音がします。また、三角骨症候群と合併して起こることが多々あります。

足の甲や足裏に痛みがあるときは…

足首のトラブル以外にも、レッスン頻度が上がると足の甲や足裏に痛みが出てくることもあります。
とくに多い3つの怪我と故障について紹介します。

リスフラン関節症

骨がまだ完成していない、若いダンサーに多い症状です。リスフラン関節とは、中足骨と足の甲の骨との間にある関節のこと。この関節の骨がゆがんで炎症が起こり、痛みが生じます。初期のうちは甲が少し腫れ、体重を乗せると骨がきしむような痛みがあるのが特徴ですが、悪化すると激痛に変わります。

外反母趾が一番の原因ですが、トウシューズに正しく乗れていないことで起こるケースも多々あります。オン・ポワント時にもっとも負荷のかかる、ひとさし指のリスフラン関節の骨が亜脱臼を起こしている方もよく診察しています。

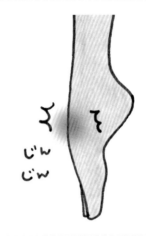

中足骨疲労骨折

中足骨（足アーチの位置にあたる骨）に繰り返し負荷がかかることで起きる疲労骨折です。怪我をした記憶がこれといってないのに、足の甲に痛みが続く場合は疲労骨折の可能性があります。

原因として体重やバランスのかけ方、筋力不足が挙げられますが、ポワントワークやジャンプの回数が増えることで発症しやすいと考えられます。とくに、ひとさし指の第2中足骨と、中指の第3中足骨に起こるケースが多いです。

なお、生理不順や無月経などによって女性ホルモンのバランスが乱れると、骨密度が下がって骨折しやすくなるので、無理なダイエットは厳禁です。

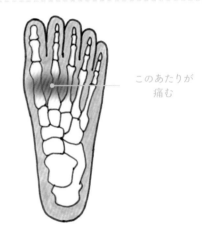

このあたりが痛む

足底腱膜炎

足底腱膜は、かかとの骨から足の指の付け根まで、足の裏に張られた腱の膜のこと。アーチ状になった土踏まずを支え、着地時に地面の衝撃をやわらげるクッションの役割をしています。

ジャンプのように足底に負担が加わる動作が過剰に繰り返されると炎症が起き、足裏のかかと側が痛みます。原因として、足底の筋力が弱いことやアキレス腱が硬いことなどが挙げられますが、スタジオの床が硬い場合も一因になります。

初期は「朝起きて踏み出した一歩目が痛いけれど、しばらくすると痛くなくなる」という特徴がありますが、慢性化しやすいので注意しましょう。

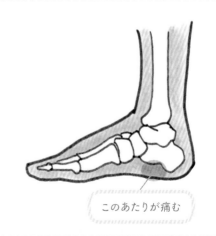

このあたりが痛む

カイロプラクティックでできる
「甲出し整体」とは

バレエを踊るうえでめざしたいのが甲高の足。甲が出ることで、脚の付け根からつま先まで一直線に伸びた美しいラインに仕上がります。カイロプラクティックでは、甲を出すことで足首の関節をスムーズに動かし、つま先を最大限まで伸ばせるように調整が可能です。野津先生が普段ダンサーたちに行っている、甲出し整体の流れを見てみましょう。

甲出し整体の流れ

スネを走っている前脛骨筋をゆるめるようにマッサージします。前脛骨筋はつま先を伸ばすのに重要な距骨と連動しています。

中足骨と足の甲の骨との間をほぐしながら、リスフラン関節をゆるめていきます。

アキレス腱に負荷がかからないよう、かかとをしっかり支えながら甲を伸ばしていきます。

①～③を何度か繰り返してほぐしながら、少しずつ甲を出していきます。

繰り返しながら約10分かけて甲を出したら、反対の足も行います。なお、この整体は甲を出す以外に、かま足や内反足対策にも効果的です。

施術に使用するのは、ローズマリーのエッセンシャルオイルとグレープシードオイル。ローズマリーには筋肉をゆるめる作用がある

甲が出ないさまざまな原因

外重心になっているため、
足首のアライメントが崩れている

かま足や小指側に重心がかかっていると、距骨という足首にある骨がうまく回らないので、足首をまっすぐに伸ばすことができません。距骨が動かないと甲は出ません。

三角骨によって、
足首にロックがかかっている

かま足や小指側に重心がかかっていると、距骨という足首にある骨がうまく回らないので、足首をまっすぐに伸ばすことができません。距骨が動かないと甲は出ません。

足裏の筋肉が使えていない

足裏の筋力が弱かったり、正しく筋肉を使えていなかったりすると、甲は出にくくなります。土踏まずの筋肉が使えるようになると甲にある関節が動くので、甲が出やすくなります。

131

カイロプラクターが教える
自分でできる
怪我予防マッサージ

バレエのレッスンでは想像以上に筋肉に負担がかかります。疲れを感じていなくても、レッスンした日はなるべく自分でできるマッサージを取り入れ、筋肉をほぐすようにしましょう。ほぐしておくことが怪我の予防につながります。

スネのセルフマッサージ

滑りやすいようにスネにマッサージオイルをつけて、反対側の足のかかとでスネを3秒ほどプッシュしてから、かかとで圧をかけながらゆっくりと押し下げていきます。

ふくらはぎのセルフマッサージ

手の組み方

両手にマッサージオイルをつけ、右の写真のように両手を組んだら両手で足首を挟み、ひざ裏に向かってゆっくりと押し上げていきます。

太ももの外側マッサージ

セルフなら

太ももの外側は硬くなりやすいところ。片ひざをついてしゃがみ、上腕を外ももにあてて、圧をかけながら上下に動かしてマッサージします。

ボールを使っても

ボールを使う方法もおすすめ。ボールの上に横向きに乗り、ボールの圧で外ももをほぐします。

足首プッシュマッサージ

足首を親指でプッシュします。とくに、くるぶしの上や横は硬くなりやすいので、よく指を入れてほぐしましょう。

───── HOW TO アイシング ─────

レッスン後は疲労回復のため、帰宅したらぜひアイシングを行いましょう。クールダウンが怪我の予防につながります。左右のスネとふくらはぎにアイスパックをあてて5分ほど冷やしたら、30分ほどのインターバルを置いてから入浴すると血液が循環し、疲労回復につながります。

Part 9 トウシューズでの魅せ方

バレエ団のレッスンやリハーサルなどを
指導する役割のバレエミストレスは、
トウシューズで踊るダンサーに対して
どのような指導をしていらっしゃるのでしょうか？
作品ごとに大切にしている「ポワントの魅せ方」を取材しました。

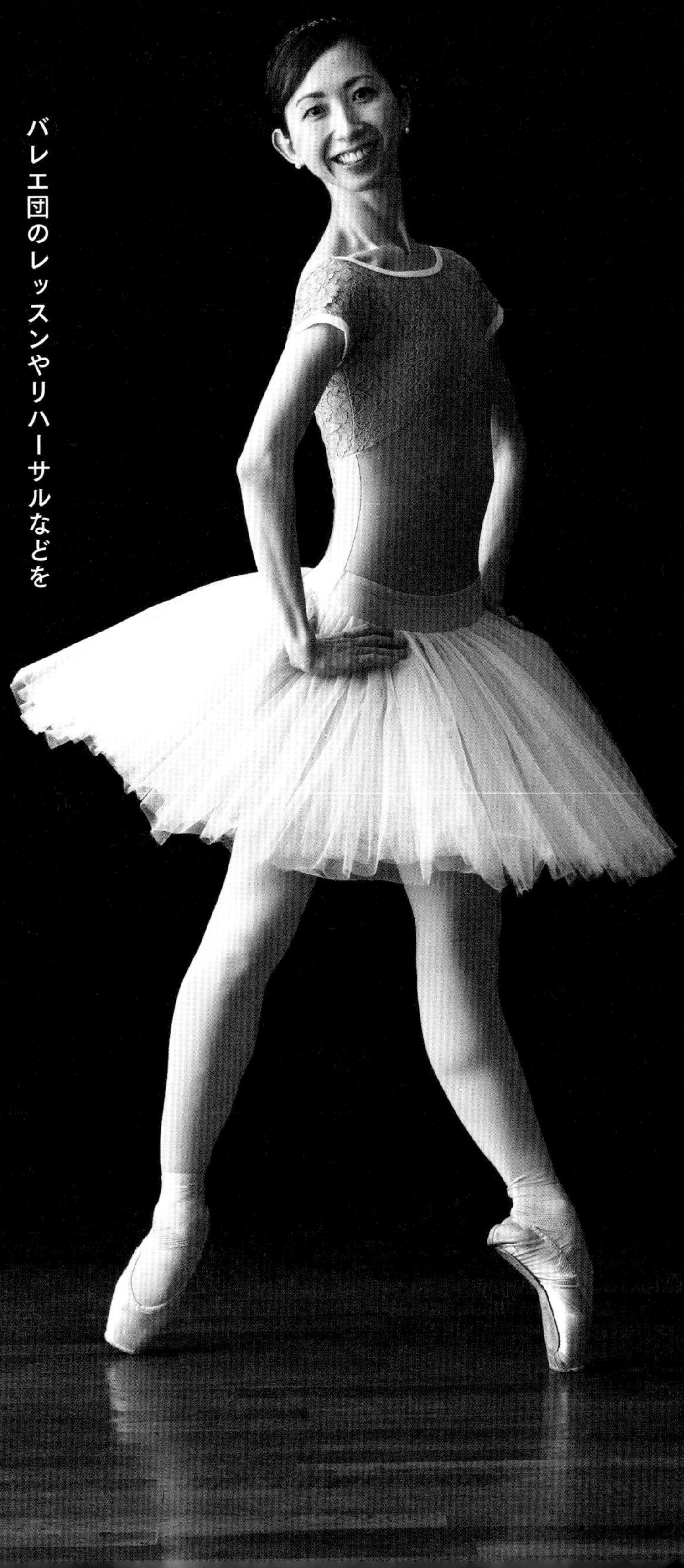

Emi Oyama

ア・テールに降りる瞬間に
バレエならではの美しさと
感動が込められていると思う

小山恵美さん

（スターダンサーズ・バレエ団／バレエミストレス）

成城大学文芸学部ヨーロッパ文化学科卒。スターダンサーズ・
バレエ・スタジオ在学中からスターダンサーズ・バレエ団公演
活動に参加し、高校卒業と同時に同団入団。1995年、文化庁在
外研修員としてフランクフルト・バレエ団などで研修。96年の
帰国後よりジョージ・バランシン作品においてバレエミストレ
スとダンサーを兼務し、05年以降上演作品のほとんどのバレエ
ミストレスを担当している。

ダンサーとして活躍後、バレエミストレスとして長い間、
バレエ団のダンサーの指導にあたっている小山恵美さん。上演する作品に合わせてクラス内容を都度調整し、
ダンサーが踊りやすい体を作れるようにサポートされているそうです。
作品ごとのポワントワークの特徴とともに、ダンサーへの指導ポイントもお聞きしました。

──普段、ダンサーの方々にトウシューズについて、
どのような注意をなさっていますか？

ダンサーに「それだと踊りにくいんじゃない？」と
アドバイスすることがあります。たとえば先日は、
あるダンサーにトウシューズのゴムを外すことを提
案しました。彼女はかかとにつけたゴムにリボンを
引っかけて結ぶことで、靴が脱げにくくなるように
工夫していたのです。その気持ちはよくわかるので
すが、引っ張り上げているせいでアキレス腱の動き
が制限されてしまい、フル・ポワントに立ちきれて
いないことも時々ありました。それに、ゴムにリボ
ンが引っかかっているせいで、見た目も気になった
のです。結局、その履き方をやめてもらったところ、
足の痛みがなくなったと本人も喜んでいました。

──今のダンサーのポワントワークにはどのような
特徴があるとお感じですか？

軸足の使い方が鋭くなっているように思います。床
を押すというより、床に突き刺すくらい強い軸足の
ダンサーがたくさん出てきていますね。そのせいか、
以前よりも硬いトウシューズで踊るダンサーが増え
ているように感じます。ただ、靴が硬いと足音が出
やすいのと、しなやかで繊細なつま先が見えにくい
場合もあるので、やはりトウシューズは柔らかめで
踊ってほしいと思いますが……。

──特に足音が気になる演目とは？

やはり『白鳥の湖』や『ジゼル』のような、バレエ・
ブランは気になりますね。とくに『ジゼル』の場合、
ウィリたちは精霊ですから足音は厳禁です。リハー

サル中は何度も何度も足音を注意しています。

——『ジゼル』はピーター・ライト版を上演していますよね？

はい。ピーター・ライト版は『コッペリア』もレパートリーです。ピーターさんの振付では、人間が自然で生き生きとしている様を表現することが求められます。そのため、トウシューズを履きながら、まるで素足で歩いたり走ったりしているかのように見せる必要があります。とても難しいのですが、足裏をしっかりと使うことが大切になりますね。

——ジョージ・バランシン作品を踊る際に、クラスレッスン内で工夫されている点はありますか？

バランシン作品を踊ることが決まったら、公演までの間、私のクラスではバーレッスンのときからトウシューズを履いてもらっています。バランシン作品はアレグロでより速く動くことが多いので、足裏が弱いと速い音についていけず、つま先が空中でぶらぶらしてしまって美しくありません。硬いトウシューズできちんとつま先を伸ばし切って踊るには、足裏の強さが必要です。そのため、バーレッスンからトウシューズを履いて足裏を強化してもらいます。センターレッスンではアレグロを多用し、どんなにテンポが速くても音に遅れず、ムーブメントの終わりまでクリアに踊れるように訓練します。

——アレグロで美しく踊るために、足裏以外に注意されることはありますか？

あらゆる速度のプリエをしてもらいます。「バレエはプリエに始まり、プリエに終わる」とよく言われますが、アレグロにおいてはとくにそうですね。たとえば、ジャンプや回転など、ムーブメントの途中で

アントニー・チューダー振付『リラの園』より。男女4人の人間模様と心の機微が、繊細な目線の演技やポワントワークを通して描かれる
提供：スターダンサーズ・バレエ団　©Takeshi Shioya〈A.I Co.,Ltd〉

音楽をコントロールすることは非常に難しい。どこでコントロールするかというと、プリエのときなんです。プリエで音楽をキャッチし、コントロールしないと、アレグロの動きには対応できません。

——ウィリアム・フォーサイス振付の『ステップテクスト』もレパートリーのひとつですが、鋭利なポワントワークが独特ですよね。どのような指導をされていらっしゃいますか？

私自身、踊った経験があるのですが、初日のリハーサルを終えた翌日は筋肉痛とは表現できないような、未体験の痛みを経験しました（笑）。それほどに全身の筋肉をフルに使うので、根本的な体作りが必

HASEGAWA Photo Pro.

鈴木稔振付『シンデレラ』より、妖精たちのシーン。コール・ド・バレエ
による踊りながら、ソリスト級のテクニックと軸の強い体が求められる
提供：スターダンサーズ・バレエ団／©Kiyonori Hasegawa

要です。そのうえで、正しい立ち方ができていない
とまず踊れません。

——オフバランスで立ったり、
床の上を滑ったりするには、軸
足の強さが必要てですよね？

軸足を床に刺すように使うため
には、きちんと立ちきることが
大切ですね。疲れてくると膝が
曲がったり、トウシューズに乗
れずに半立ちになったりと、立
ち切れなくなるダンサーは意外
と多いんです。それではフォー
サイス作品に耐えうるような、
強い軸は作れません。

——トウシューズでしっかりと
立ち切るためには何が必要なの
でしょうか？

指だけを意識しないことが重要になると思います。
かかとに重心が乗りがちな生徒は、よく「もっと指
に立って」と指摘されますが、実際は指だけを使う
のではなく、足裏やかかと、足首からふくらはぎ、
ひざ、内ももへとつなげて体を使います。そういっ
た体の構造を理解していない子どものころに「指の
上に立とう」と覚えてしまうと、指ばかり使って立
つ癖がついてしまう。そうすると前ももに力が入り、
膝が曲がって、いつまでもトウシューズで踊るため
に必要な筋肉が鍛えられず、しっかりと立ち切るこ
とができません。その癖が抜けないまま大人になる
ケースは多いと思います。

——プロのダンサーであっても、癖が抜けない場合が
あるのですね。

以前、外国からいらした先生によるプロダンサー向
けのレッスン見学会に参加したら、クラスの間ずっ
と、ピケ・アラベスクのひざが伸びていないことを
指摘されていました。最近、女性ダンサーのシンス

136

プリント（すねの周辺にある骨膜が炎症する障害）の怪我がとても多いと聞くのですが、立ちきれずにひざが曲がり、前すねに負担がかかっている結果ではないかと私は思っています。

——大変興味深いお話です。フォーサイス作品を通して根本を見直すことで、ほかの作品を踊る際にもよい影響が出そうですね？

そう思います。フォーサイスを踊る前と踊った後とでは、ダンサーに変化が出ていると思いますので、ぜひご覧いただきたいです。

——レパートリーには、演劇性の高いアントニー・チューダー作品も含まれていますが、チューダー作品のポワントワークの特徴は？

先ほどお話したピーター・ライト版と同様に、トウシューズを履いていても、まるで素足のように踊ることが求められます。それでありながら、プレパレーションがなく、いきなりパに移行する振付が多いので、技術的には本当に難しい。そのために大切なのは、やはりプリエになりますね。実はフォーサイス作品を踊る際にも、重心を落としたプリエが大切になります。チューダーとフォーサイスの振付はまったく方向性が違って見えるのに、意外な共通点があるのが面白いですよね。

——プリエの重要性に改めて気つかされます。しかも、作品ことに必要なプリエは違いますよね。

チューダー作品は生身の人間を描いているので、常に全身を引き上げ続けるバレエ的な踊り方ではなく、時には重心を落として表現をする場合もあります。そのため、さまざまな速度のプリエだけでなく、重心を落としたプリエも必要ですね。

——鈴木稔さんの振付作品はいかがでしょうか？

1995年に初演した『ドラゴンクエスト』は、私も初演時から戦士の役で出演しました。基本はクラシック調の振付ですが、戦士とモンスターの役はポワントワークが独特で、動きも大きくてハードです。それから『Degi Meta go-go』という作品（1997年初演時は『KATSUO NI SILAGA』として上演）は、かなり自由にポワントを使う面白い振付でしたね。

——コール・ド・バレエのポワントワークが難しい作品はありますか？

『シンデレラ』の妖精たちのポワントワークはとても大変です。鈴木稔の振付の中でもとくに難しく、ソリスト級の技術が必要になる振付だと思います。斜めになって踊る部分もあり、軸のコントロールが強くないといけない。そのため、私のクラスでは上半身を強化するようなアンシェヌマンを組んでいます。斜めの動きが多い場合は体幹でしっかりコントロールしないといけませんから。

——かなりよい訓練になりそうですね。

コール・ド・バレエは普段、そこまで複雑なポワントワークをする機会がありませんので、『シンデレラ』の妖精を踊る場合は、かなりの覚悟が必要ですね。バランシン振付の『セレナーデ』も同様です。訓練のような、修行のような……（笑）。

——最後に、小山さんが多くのダンサーを見ていて感じる課題点について教えてください。

トウシューズにおける最大の技術は立つことではなく、降りることにあると思います。立つことに注意がいきがちですが、丁寧にドゥミを通り、ア・テールに降りる過程にこそ、バレエならではの美しさがある。「人間の体ってそんなに細かく、柔らかく使えるんだ！」という感動が、ア・テールに降りる瞬間に込められていると思います。最近はシューズの種類も増え、履きやすい靴も多くなりましたが、そこは楽をせず、降りることを大切に踊ってほしいです。

——本日はありがとうございました！

Mamiko Jukawa

トウシューズは硬い靴ですが
あたかも自分の皮膚の一部かのように
感じながら踊ってほしい

湯川麻美子さん

（新国立劇場バレエ団／バレエミストレス）

江川バレエスクールにて江川幸作、江川のぶ子に師事。1995年
カナダ・ブリティッシュ・コロンビア・バレエと契約し、97年
の新国立劇場開場と同時に新国立劇場バレエ団にソリストとし
て入団。多くの演目で主役を踊り、2011年プリンシパルに昇
格。06年にニムラ舞踊賞、12年に芸術選奨文部科学大臣新人
賞を受賞。15年4月に引退後はバレエ団教師を務め、20年9
月バレエミストレスに任命された。

ローラン・プティ振付『こうもり』の主演を最後に、ダンサーを引退した湯川麻美子さん。
新国立劇場バレエ団の創設から在籍し、現在はバレエミストレスとしてダンサーの指導に
あたっています。数々のレパートリーを知り尽くした湯川さんが後輩たちに伝えている
「ポワントワークの極意」について、教えていただきました。

――ダンサーの方々に、トウシューズを使ってどのように踊ってほしいと考えていらっしゃいますか？

私は現役のときに「手のように足が使えたら、もっとさまざまなことが表現できるのに」と思っていました。手であれば、自分の思うように指を自在に動かすことができます。足もそのくらい自由に使って踊ろうという感覚を、ダンサーには常に持っていてほしいと思います。トウシューズを自分の皮膚の一部であるかのように感じて踊ってほしいですね。

――そのためには、どのようなトレーニングが必要でしょうか？

硬いシューズを履きこなすために必要なのは、指や足裏を丹念に使うこと。バーレッスンのタンデュから、床をじっくりと使って足裏への意識を高めるようにと常に伝えています。さらに、ドゥミ・ポワントをしっかり通ることを大切にしたいです。トウシューズでドゥミは通りにくいですが、だからこそ足裏強化に役立ちます。

――バーレッスンからトウシューズを履いているダンサーは多いですか？

ダンサーによりけりですが、トウシューズを履かない役柄のリハーサルが続く場合、トウシューズから1カ月近く離れてしまうことになるので、その場合はバーから履いて感覚を忘れないように調整することが多いです。数週間離れただけで指先分の数センチを上がるのがつらくなり、オン・ポワントが遠い世界になってしまいますから。

ローラン・プティ振付『こうもり』より、夫と妻のベラ（踊り手は湯川さん）のパ・ド・ドゥ。ダンサーの脚線美が際立つ振付がプティ作品の特徴
提供：新国立劇場／©Takashi Shikama

——ポワントの感覚を忘れると、立つことが怖くなってしまいますものね。

そうなんです、だからお稽古やリハーサルでは精神面も強化しなくてはいけません。私は現役時代、気が小さいほうだったので、舞台上で突然「できる気がしない」「きっとできない」と思ってしまい、気持ちに負けてしまったことがありました。ポワントを含め、身体の状態は日々変わります。うまくいかない日でも瞬時に修正し、恐怖心を克服して調整する方法を、ダンサーは日々の訓練を通して学んでいく必要があります。

——現役時代、本番に向けてどのような準備をされていましたか？

私はかなり慎重に事前準備をするほうでした。前日までにこの幕ではこれ、このソロではこれと細かく決めていましたが、いざ本番前に履いてみると何かが違うことが多い（笑）。しかも、照明の熱で舞台上のリノリウムも熱くなるうえ、踊っている間に汗が

シューズに染みるので、ものすごいスピードで潰れてしまいます。だから、いろいろな硬さのものを大量に用意しておかないといけず、準備は本当に大変でした。

——とくに足音が気になる演目としては、やはり『白鳥の湖』や『ジゼル』などでしょうか？

そうですね、白鳥もウィリも人間ではない役柄なので、コール・ド・バレエのひとりでも足音がすると、その世界を壊してしまいます。ですから私はリハーサル期間、ダンサーの耳にタコができるほど、足音のことを注意します。足音を立てないためには、走り方、跳び方、足の置き方、

すべてに細心の注意を払う必要があり、そのためには繰り返し練習することが第一です。

──無意識でもできるようになるには、その体の使い方が染みつくほど練習するしかないですよね。

そうなんです、ですから「本番だけ、足音の立ちにくい柔らかいトウシューズを用意しておけばいい」のではなく、できるだけリハーサル期間中も、本番で履けるくらい音がしにくいものを準備してほしい。本番と同じ柔らかさの靴で練習しておかないと、どうやって足音を消せばいいのかが、感覚的に覚えられませんから。

──トウシューズで踊るからこそ輝くパ（ステップ）は何だと思われますか？

森山開次さんが新国立劇場バレエ団のために振り付けてくださった『竜宮 りゅうぐう』という作品があります。彼が「パ・ド・ブレはトウシューズの象徴的な動きだ」とおっしゃっていて、作品内に取り入れていました。細やかにブレを踏む動きがとても女性的で素敵に感じられたそうなのです。「パ・ド・ブレでたくさんの感情を表現できるんだよ」と言っていらしたのが印象的でしたね。

──パ・ド・ブレは優雅に見えて、実はとても難しいパでもありますよね。

デヴィッド・ビントレーも作品の中でパ・ド・ブレを使うことが多くて大変でしたね。トウシューズがどんどん潰れていく（笑）。体力的に疲れたタイミングでパ・ド・ブレが入っていると、つい休みたくなってしまうんですよね。でもそこで耐えて、細かく細かく動かさないといけない。

──デヴィッド・ビントレー作品には、どのようなポワントワークの特徴がありますか？

デヴィッドはトウシューズでの妙技にこだわりがあって、より高い技術力が必要になりますね。彼はいつもスニーカーで振付を見せてくれるのですが、「え、それをトウシューズでやるの!?」とビックリすることも。男性なので、トウシューズへの憧れというか「こんなことをダンサーにさせてみたい」という想いが、振付に詰まっているのかもしれません。

──ローラン・プティ作品もバレエ団のレパートリーですね。プティといえば、ダンサーの美脚を魅せる振付が有名ですが……。

女性をセクシーに見せる振付が多くて、とくに足の使い方には工夫が必要です。たとえば『コッペリア』のスワニルダは登場のシーンで、ア・テールにした左足の前に、クペ（シュル・ル・ク・ドゥ・ピエ）した右足を置きますが、右足をどの位置に置くかで見え方が変わってきます。ダンサーの体型や脚のラインによっても変わるのですが、人によっては少しかかと寄りにしたり、逆につま先寄りにしたりと、美しく見える位置を一緒に研究しています。

──ケネス・マクミラン作品ではトウシューズでも素足のように踊ることが求められますよね？

オペラ歌手が歌うように、役者が台詞を言うように、私たちは体を使って表現しないといけません。そのためのツールのひとつが足で、マクミラン作品では特につま先＝台詞なので、つま先が自由に使えないといけません。とくに『マノン』3幕にある「沼地のパ・ド・ドゥ」は、素足という設定なので、靴を履いている感が出てしまうと世界観を壊してしまいます。

──トウシューズを履きながら、素足のように踊るためには何が必要でしょうか？

先ほどもお話しましたが、大切なのはドゥミ・ポワントをしっかり通ることですね。とくに歩いたり走ったりするとき、ドゥミが使えていないと音が出てしまいます。以前、マクミラン作品の振付指導にいらしてくださったパトリシア・ルアンヌさんが、ダンサーたちに対して「あなたたちは靴で立っている、足で立ってはいないわ」と、トウシューズが硬すぎることを指摘されていました。しっかりとドゥミ・ポワントを通れる、柔らかいトウシューズが必

要になりますね。

——でも、テクニック的にも難しい踊りが多く、柔らかいシューズだと大変ですよね。

複雑に組み合わされたジャンプや回転、オフバランスでのポワントワークなど、ハードな振付は多いです。それを流れるようにスムーズに踊るためには、どんなに柔らかいトウシューズでも自力で立って踊れる、強い足が必要です。

——フレデリック・アシュトン作品の特徴はいかがでしょうか？

『シンデレラ』にある四季の精の振付は「これぞポワントワーク！」と呼べるものだと思います。春夏秋冬それぞれで妙技を披露するのですが、かなり上級者用の振付で、しかもテンポが速い！ 自分でもいつ立って、いつ飛んでいるのかがわからなくなるほど、複雑な振りを素早く踊らないといけないので、入念にリハーサルを重ねています。

フレデリック・アシュトン振付『シンデレラ』より、四季の精のシーン（写真は夏と秋）。上級テクニックが必要なポワントワークがふんだんに盛り込まれている
提供：新国立劇場／©Hidemi Seto

——ジョージ・バランシン作品におけるポワントワークの難しさについて教えてください。

タンデュが多いのが、難しさのひとつですね。素早くタンデュして戻す。それが細かいアレグロのジャンプの途中に入ってきたりすると、疲れのせいで足裏が全然使えず、足首だけ伸びたタンデュになって

しまいます。それを避けるため、バランシン財団から指導にいらした先生方が、特別なレッスンを組んでくださいます。バーレッスンの中で、タンデュだけでも5種類くらいありますね。

——『くるみ割り人形』はウエイン・イーグリング版ですが、彼のポワントワークの見どころは？

「花のワルツ」をコール・ド・バレエの男女が組んで踊るのですが、普段コール・ドのダンサーたちは男女で組む機会が少ないので、パートナーリングのよい訓練にもなっています。細い軸の上に立っている女性を男性が回したり、リフトしたり、立っている女性をオフバランスにしてスライドさせてから再びオン・ポワントに戻したりと、かなり難しい振付が多いですね。男女で組んで踊る際のポワントワークには、また違った楽しみがあると思います。

——本日はありがとうございました！

懐かしいシューズを持ってきてくださった湯川さん。向かって左がバレエを始めたころに履いていたバレエシューズ、中心がファースト・トウシューズ、右が引退公演で履いた最後のトウシューズ

海外バレエ団の トウシューズ事情

©Helena Byrt

Nae Nishimura

3つの国で
踊ってきた
西村奈恵さんに
聞く

海外のバレエ団は、カンパニーやディレクターの指示によってトウシューズを変えることもあると聞きます。ダンサーたちは、どのように工夫して順応しているのでしょうか？ 15歳から海外生活を送り、3つの国で踊ってきた経験を持つ西村奈恵さんに、海外バレエ団のトウシューズ事情や自身のこだわりを教えてもらいました。

西村奈恵さん
（ノルウェー国立バレエ団／ダンサー）

3歳からバレエを始め、2010年にオーストラリアン・バレエ・スクールから奨学金を得て留学。14年に同校を卒業しドイツのドルトムント・バレエ団に入団。15年にBajazzo Dance Award in Dortmundを受賞。ノルウェー国立バレエ団に移籍後、18年に永久契約を獲得。19年には『ラ・バヤデール』で準主役であるガムザッティを演じた。その後も『セレナーデ』のプリンシパルであるロシアンガール、『ジゼル』の精霊の女王・ミルタなど、抜擢が続いている。

──バレエ学校はオーストラリア、バレエ団はドイツとノルウェーと、3カ国で踊ってこられましたが、トウシューズに関してどのような指定がありましたか？

オーストラリアの学校は、ブロックがスポンサーになっていたこともあり、ブロックが指定でした。日本ではフリードを履いていたので急に変わることになって、合う種類を見つけるのに一苦労でした。セレナーデ、ヘリテージ、アクシオンを履いたあと、シナジーのシャンクを1/2にカットするとちょうどよいことに気づいたのですが、私の足が変わってしまったのです。

──学生のうちは成長期ですし、足のサイズや形も変わりますものね？

せっかく見つかったのに、合わなくなってしまって……。でもそのころ、学校を卒業してドイツのドルトムント・バレエ団に入団しました。そこはフリードがメインのバレエ団だったので、改めてそのときの足に合うマーク（職人）を探す必要がありました。フリードのシューフィッターさんがヨーロッパ中を回っているという情報を聞いて、その方にドルトムントまで来ていただき、フィッティングして選んだのは「Z」マークでした。

──シューフィッターさんから、何か指摘やアドバイスはありましたか？

シューフィッターさんと話すことで、本当の問題が見えてくることがあります。私がもともと履いていたブロックのシューズを見て「そもそも全然幅が合っていない」と指摘されました。そして、私は当時「柔らかくて立ちやすい」と思って、ソールを半分にカットしていたのですが、そのせいで変なところで立ってしまっていたことにも気づかされました。まだ足ができあがっていない学生のうちは、トウシューズに余計な加工はしないほうがいいと学びましたね。

──その後、ノルウェー国立バレエ団に移籍されてからはいかがでしたか？

『ラ・バヤデール』のガムザッティは、1幕のマイムでは芝居に集中できるように柔らかいもの、1幕のグラン・パ・ド・ドゥではフェッテまで持ち堪えられるしっかりしたもの、3幕のソロはなめらかな着地とコントロールが必要なので中間クラスのものと、3足のトウシューズを用意した
©Erik Berg / The Norwegian National Opera & Ballet

ノルウェーではメーカーの変更はしなくてよかった
のですが、ディレクター（芸術監督）から「ボック
スが広すぎて見た目のバランスが悪いから、変更す
るように」と言われてしまったのです。

——やっと「Z」マークを選ばれたのに、一難去って
また一難ですね……。

私は当時、回転の安定性を高めるために、プラット
フォームを太い糸でかがっていて、見た目のボ
リュームが増してしまっていたのです。でも、回転
率を上げることも、見た目の美しさもどちらも同じ
くらい大切。そこで、機能的でありながらエレガン
トな見た目のシューズを探し始めたのですが、ノル
ウェーにフリードのシューフィッターさんが来る予
定もない。迷った結果、ドイツのときに見ていただ
いたフィッターさんのお家を訪ねて、ロンドンに
行ったのです。

——はるばるロンドンまで！ フィッターさんのアド
バイスはいかがでしたか？

まず、すっきりと見える「フィッシュ」と「ワイン
グラス」を選んでいただきました。そして、シャン
クの厚みを減らして1層にすることと、履き口をU
カットに変更してもらうことになりました。ただ、
その後のレッスンやリハーサルで履いてみたら、パ・
ド・ドゥのときにシャンクが1層だと沈んでしまう
ことがわかり、2層に戻してもらいました。

——今は「フィッシュ」と「ワイングラス」、どちら
を履かれていますか？

ワイングラスだと少し沈んでしまう感覚があったの
に対して、フィッシュはサポート感が高く、仕上が
りにもムラがないので、今はフィッシュに絞って履
いています。

——場所が変わるだけで、トウシューズも変更しない
といけないのは本当に大変そうですね。

スクールもバレエ団も、それぞれ文化がありますね。
「これを履きなさい」と指定がある場合もあります
が、たとえばフリードを履いているダンサーが多い
カンパニーは、それに合わせて自然とフリード率が
高くなります。

『ジゼル』の精霊の女王・ミルタは跳躍が多く、長く踊るシーンが多いので、トウシューズ選び
が難しい。バランスが取りやすいようにボックスはしっかりと硬め、かつソールはつま先の伸
びやすい柔らかいものを選んだそう
©Erik Berg / The Norwegian National Opera & Ballet

西村奈恵さんのトウシューズ生活

トウシューズ加工時のアイテム。シャン
クはペンチではなく、カッターで切り
取っているそう

できあがったトウシューズと履くときの
アイテム。ギリシャ型の足なので、隙間
を埋めるためのパットを使用している

回転しやすいように、トウシュー
ズが立つくらい、プラットフォー
ムはしっかりとかがっている

本番で履くトウシューズを決めるとき
は、硬さの異なるシューズを次々に試し
ていって一足を選び出す

硬さの異なるトウシューズ
をいつも10足ほど用意し
て並べてあるそう

『セレナーデ』では、プリンシパルであるロシアンガールの日はボックスが硬いもの、真ん中を囲むガールズを踊るときは柔らかめのものを選んだ
©Erik Berg / The Norwegian National Opera & Ballet

——バレエ団からは何足くらいの支給があるのでしょうか？

ノルウェー国立バレエ団では、毎月10足のトウシューズが支給されます。以前いたドルトムント・バレエ団でも同じく10足だったと記憶しています。

——普段、舞台で履くシューズをどのように用意していらっしゃいますか？

私のシューズバッグには、いつも大体10足くらいのトウシューズが入っています。おろしたてのまだ硬いものから、かなり履きつぶした柔らかいものまで、段階的に硬さの異なるものを10足、用意してありますね。たとえばバランシン振付の『セレナーデ』のプリンシパルであるロシアンガールを踊ったときは、回転が多いのでボックスがしっかりと硬いものを選び、真ん中を囲むガールズを踊るときは、一番柔らかいものを選んでいました。

——いつも硬さの異なる10足を用意されるのは大変そうですね。

スタジオで「これだ」と決めても、舞台でリハーサルをすると「やっぱり違う」となることがほとんどなので、たくさん用意しておかないと安心できなくて。あと、ある日は柔らかかったものが、数日後に履いたら硬さが復活しているときもあります。これはフリードならではかもしれません（笑）。

——ポワントワークにおける課題点はありますか？

私の足はひとさし指の長い「ギリシャ型」なので、それによる悩みは尽きないです。以前、中足骨の疲労骨折をしてしまったことがあり、そのときに親指のサポートなしで踊っていたことが一因だと気づき、親指側にスポンジを入れて隙間を埋めるようにしていますが、ほかの方法もまだ模索中です。

——リボン選びも工夫されたそうですね？

できるだけ、足とシューズが一体化しているように見せたいので、リボンとタイツの色が合うものを選んでいます。以前から、パリ・オペラ座のダンサーたちのトウシューズのリボンがとても薄く、リボンとタイツの境目がないことに気づき、彼女たちの使っているリボンのメーカーが知りたくてリサーチを重ねていました。ある日、ダンサーが Instagram にタグをつけていたことで、そのメーカーが発覚。ようやく入手してみると、色や薄さはもちろんですが、ストレッチが効いていてアキレス腱に負荷がかからないリボンだったので気に入っています。

——西村さんにとって、トウシューズとはどのような存在でしょうか？

バレエの魅力のひとつが、トウシューズにあると思います。私たちダンサーはいつも、自分の持っている足を最大限美しく見せ、快適に踊るためにどうしたらいいかを常に考え続けています。今は SNS があるので、瞬間的なテクニックを見せることが主目的になってしまいがちですが、バレエはやはり芸術。テクニックをつないで物語を語れることが、プロで踊る上では大切です。そのために必要なのが、自分の足に合うトウシューズ。シューズひとつで、踊り方も見え方も変わる。本当にユニークな道具だなと思います。

——興味深いお話をありがとうございました！

愛猫・猫太郎ちゃん。トウシューズは使用後、少しでも長持ちするように陰干ししている。猫ちゃんもその光景にすっかり慣れっこ

時代とともに振付家が求める、トウシューズでの
表現方法は幅広く進化しています。
今後、バレエ作品におけるトウシューズでの見せ方や表現は、
どのように変化していくのでしょうか？
バレエライターの森菜穂美さんと語り合いました。

トウシューズの見せ方や表現は これからどう進化していくのか?

時代とともにトウシューズ自体の製法や素材が進化し、ダンサーのテクニックも向上しました。それに伴い、振付家が求める表現方法もより自由に、より幅広く進化しています。今後、バレエ作品におけるトウシューズでの見せ方や表現は、どのように変化していくのでしょうか? クラシックからコンテンポラリーまで、年間100本以上のバレエ・ダンス作品を観ているバレエライターの森菜穂美さんが感じる「トウシューズの進化」について、語り合いました。

森 菜穂美さん
舞踊ライター、ジャーナリスト。9歳までロンドンで過ごす。早稲田大学法学部卒業。企業広報、PR会社勤務、映画配給・宣伝、リサーチャーを経て、フリーランスに。主にダンス・バレエを中心に取材、執筆および翻訳を行う。新聞、雑誌や海外・国内のWEBサイト、バレエ公演や映画のパンフレットに日本語・英語で寄稿している。『バレエ語辞典』(誠文堂新光社)の監修のほか、『バレエ大図鑑』(河出書房新社)の日本語版監修も行っている。

—— Part1の「トウシューズの歴史」(P.21)を作るにあたり、森さんと一緒にトウシューズに関するバレエ史をひも解きましたが、最初は布を少し補強しただけのシューズだったものが、現在これほどまでの進化を遂げたことに改めて驚きました。靴作りの技術や素材の進化もありますが、振付家が求める表現方法やバレエダンサーの技術の向上も一因だったと感じます。プティパとイワノフによる、現代でいうところの「古典バレエ」の時代以降で、飛躍的にポワントワークが変化したのはどのあたりだったと感じますか?

バランシン振付『アポロ』の最後のシーン。アポロを中心に、3人の女神たちによるアラベスクの脚が3方向に伸びる美しいポーズで作品は終わる

やはりバランシンの登場は大きかったと思います。ちょうど彼のテクニックと指導法について書かれた『バランシン・テクニック』(大修館書店)を読んだところなのですが、彼によってポワントワーク自体が飛躍的に発展したことを改めて感じています。バランシンはルルヴェを重視して、なかでも「ロールアップ・ルルヴェ」と呼ばれる、足裏を丁寧に使うルルヴェを多用しました。それまでは、跳ね上がるように足を使う「スプリング・ルルヴェ」が多く、もちろん彼もスプリング・ルルヴェを振付に使用していますが、次第にロールアップ・ルルヴェを用いた振付作品が増えていったようです。

—— 2種類のルルヴェを知るためによい作品はありますか?

『セレナーデ』はバランシンにとって初期の作品で、さらに学生向けに振り付けられたものだったこともあり、スプリング・ルルヴェが多いです。『コンチェルト・バロッコ』や『テーマとヴァリエーション』では、ロールアップ・ルルヴェが多用されていますね。ちなみに彼はポワントワークを向上させるためクラスレッスンをトウシューズで受けるよう、ダンサーたちに指示していたそうです。

—— バランシンによる作品はスピーディでエネルギッシュなものも多く、ダンサーたちはそれを踊りこなすために特別な訓練が必要になりますよね。

現在もニューヨーク・シティ・バレエ（NYCB）の
ダンサーたちは、強靭な脚の持ち主が多いですよね。
最近SNSでも人気のタイラー・ペックというダン
サーは、理想的なバランシン・ダンサーだと思いま
す。バランシンは「ダンサーがシューズを支配する
べき」と語り、バレエシューズのようなポワントワー
クを求めましたが、タイラー含めてNYCBのダン
サーは自身でシューズをコントロールして自在に
踊っていて、観ていて気持ちがいいんですよね。

── NYCBのダンサーが踊ると、ガラ公演で見慣れ
た『チャイコフスキー・パ・ド・ドゥ』でさえ、とて
も新鮮に映るのが不思議ですよね。音の取り方、ポワ
ントの使い方、表現……すべてがしっくりとハマって
いて「この作品はこうやって踊られるものなんだ」と
いう納得感があります。

よくわかります。バランシンにとってのポワント
ワークは、振付のなかのアクセントではなく、表現
の中心にあるものなんですよね。ですから、バラン
シン・メソッドを身につけたダンサーが彼の作品を
踊ると、ポワントで踊っていることがいとも自然に
感じられます。

──トウシューズでの踊り方を進化させた振付家と
して、1980年代から活躍するフォーサイスの存在も
欠かせないと思います。世界中でさまざまなバレエ団
がレパートリーにしている『イン・ザ・ミドル・サム
ホワット・エレヴェイテッド』や『精確さによる目眩
くスリル（精密の不安定なスリル）』、スターダンサー
ズ・バレエ団がレパートリーにしている『ステップテ
クスト』などがありますが、オフバランスに崩した踊
り方の振付が特徴ですよね。

フォーサイスは、クラシックバレエ独特のラインや
優雅さにまるで反発するように、体の中心を通る軸
をあえて崩した踊り方を追求した振付家です。とく
にパ・ド・ドゥは特徴的で、従来の「男性が女性を
サポートする」ものではなく、お互いが押し合った
り、引っ張り合ったりと、まるでせめぎ合うように
踊ります。古典作品に見られるような女性の優雅さ
や繊細さを見せるのではなく、女性の強さを表現す
る武器としてのポワントですね。

──フォーサイス作品では体の中心軸を崩すので、ダ

フォーサイス振付『精確さによる目
眩くスリル（精密の不安定なスリ
ル）』は、丸くフラットなチュチュか
ら伸びた脚のシャープさが際立つ

ンサーたちはプラットフォームのエッジぎりぎりの
ところで立って踊ることもあります。その体勢をキー
プするには、上半身を使って引き合う必要があるの
で、鋭く、刺すような強いポワントワークに対し、上
半身は伸びやか。スリリングな美しさがあります。

バランシンの時代もオフバランスの振付は取り入れ
られていますが、フォーサイスはポワントワークに
おける「軸」そのものの概念を変えましたよね。以
降の振付家たちに大きな影響を与えました。興味深
いのは、フォーサイス自身は、自身のポワントを使っ
た作品へのインスピレーションを与えたのはバラン
シンだと語っているのです。バランシンの軽やかさ、
スピードと音楽性に影響を受けたそうです。

──ところで、ダンサーがつま先で踊るようになった
背景にロマン主義があることから、今まで「トウ
シューズは女性のもの」とされてきました。でも、そ
れも最近は変わりつつありますよね？

これまで男性がトウシューズを履いて踊る場合、「コ
メディ要素としての役柄」がほとんどでした。バレ
エ・リュスの時代、ニジンスカが振り付けた『うる

さがた』という作品では、ポワントを履いた男性が面白おかしく役柄を演じたそうです。ちなみに初演時はスターダンサーのアントン・ドーリンが踊っています。ほかにも、アシュトン振付『真夏の夜の夢』に登場するロバのボトムや、ヌレエフ振付『シンデレラ』の義理の母役、ラトマンスキー振付『明るい小川』のバレエダンサー役など、コミカルな役どころが多いです。

——ロバのボトムは動きのおかしさに加え、トウシューズが蹄のように見えてくるので、ロバらしい足づかいも見どころですよね！

楽しい作品ですよね。私は『明るい小川』も大好きで、主人公の夫を懲らしめるために女装した男性ダンサーがトウシューズで踊りますが、踊り手が巧みであればあるほどおかしみが増します。フィーリンやツィスカリーゼなど、錚々たるダンサーたちが踊り継いできた役ですね。

——トウシューズを履くと足のサイズ分、身長が高くなるので、男性ダンサーの場合2m以上になる方もいますよね。

その大きさを「威圧感」として利用した作品が、マッツ・エック振付『ベルナルダの家』ですね。5人の娘を持つ高圧的な母親役はトウシューズを履いた男

性ダンサーが踊りますが、黒ずくめの衣装に加え、オン・ポワントになると2m以上の大迫力で、強烈な印象を残します。映画『パリ・オペラ座のすべて』には、主人公の母親を踊るマニュエル・ルグリの姿が収められています。

——いっぽうで、最近では男性ならではのポワントワークの美しさを追求するムーブメントもあるそうですね？

2020年、女装やコミカルな役柄ではなく、真面目にポワントを履くことを芸術として追求したいと考えた男性ダンサーたちによるバレエカンパニー「Ballet22」がアメリカで設立されました。サンフランシスコ・バレエやNYCBの現役のダンサーたちもメンバーになっているので、今後の活躍が期待されます。それから、Instagramでは、「#MENONPOINTE」のハッシュタグで、有名男性ダンサーもポワントを履いて美しく踊っている写真や動画がたくさん投稿されています。ちなみに、トウシューズを履いているわけではありませんが、マイケル・ジャクソンがつま先立ちで踊っている姿は、さまざまなジャンルのダンサーに影響を与えましたし、ストリートダンサーであるリル・バックは「つま先立ちで踊りたい、バレエダンサーの強靭なテクニックを手に入れたい」と本格的にバレエを学ぶためにバレエ学校に入り、自分のダンスにつま先立ちを取り入れています。ジョージアの民族舞踊でも、男性ダンサーがつま先立ちで踊っていますね。

——近年では「トウシューズは白人ダンサーだけでなく、さまざまな人種が履くものだ」という認識も広がって、ピンク色以外の生地を使ったトウシューズも増えてきていますね。ゲイナー・ミンデン、ブロック、そしてフリード社から、ブラウン系のトウシューズが発売されています。

フリード社から発売になったブラウンとブロンズ、2色のトウシューズはニュースにも取り上げられ、話題になりましたよね。フリード社が新色のトウシューズを開発するにあたり、協力をあおいだのは、黒人やアジア人、少数民族のダンサーからなるバレエ団「バレエ・ブラック」でした。先日、私は「バレエ・ブラック」のダンサーであるチラ・ロビンソンさんの舞台『レディ・マクベス』を拝見しました。

ラトマンスキー振付『明るい小川』にある、主人公の夫をだますため、男性ダンサーが女装してポワントワークを披露するコミカルなシーン

フランソワ・シェニョー＆セシリア・ベンゴレア振付『Devoted』。よく見ると微妙に色合いやニュアンスの異なる衣装やタイツの女性ダンサーたちがジャンプしたり、転がったりしながら、ユニークなポワントワークを一斉に見せる

やはり肌の色に合うシューズで踊ると、足先から指先までのラインがつながって見え、とても伸びやかで美しかったです。

——森さんは年間100本以上のバレエやダンス公演を観ていらっしゃいますが、この数年間で「個性的なポワントの使い方や見せ方をしている」と感じた作品はありますか？

非常に注目しているのが、フランスのフランソワ・シェニョーという振付家です。ダンサーであり、歌手であり、振付家でもある彼が、振付家のセシリア・ベンゴレアとともに作った作品『Devoted』のポワントワークは非常にユニークでした。トウシューズで立たされているダンサーたちはグラついたり、転がったりしますが、それも表現の一部になっていて、ブラックなユーモアを感じさせます。

——バレエ・ロレーヌが踊る映像を拝見しましたが、ダンサーたちはそれぞれ、バラバラに動いているようでいながら、全体を引いて見ると統一感があって面白かったです。

フランソワ・シェニョーはアーティストのニノ・レネと組んで『不確かなロマンス―もう一人のオーランド』という作品も作っています。ヴァージニア・ウルフの小説をもとに、トランスジェンダーの青年貴族が性を超越しながら生まれ変わっていく様をダンスと歌唱で表現した作品ですが、生まれ変わるたびに衣装やシューズが変わり、その中にトウシューズも含まれていました。ハイヒールとトウシューズがジェンダーの象徴として用いられていて、その使い方が興味深かったですね。

——ほかにも印象に残っているポワントワークの作品はありましたか？

デミス・ヴォルピ振付『Aftermath』はとても個性的でした。女性ダンサーだけの作品なのですが、ひとりを除いて全員が白塗りです。中心ダンサーは生贄のような役割になっていて、彼女を取り囲んだ大勢のダンサーがポワントの音を激しく打ち鳴らすことで、恐怖をあおる演出が施されていました。ポワントの音が楽器代わりになっている点も面白かったですね。

——ポワントワークは「足音を立てず、素足のようにトウシューズを履く」のが基本ですが、あえて足音を効果的に用いているのはユニークですね！　性別も、人種も関係なく、誰もがトウシューズを履いて自分なりの表現を追求できるようになると、さらにトウシューズの見せ方や踊り方も進化していくと思うので、バレエの未来がますます楽しみです。本日はありがとうございました。

吉田 都さんに聞く、トウシューズの思い出

© Jörgen Axelvall

トウシューズを履いて
数センチ上がるだけで、見える世界が変わる。
私にとって、バレエ＝トウシューズなのです

—— 吉田 都さん

（新国立劇場バレエ団／芸術監督）

Miyako Yoshida

9歳でバレエを始め、1983年に英国ロイヤル・バレエ学校へ留学。84年、サドラーズウェルズ・ロイヤルバレエ（現バーミンガム・ロイヤルバレエ）に入団し、88年にプリンシパル昇格。95年には英国ロイヤルバレエへプリンシパルとして移籍し、2010年に退団するまでプリンシパルを務めた。退団後は日本に拠点を移して活躍し、19年に現役を引退。20年から新国立劇場・舞踊芸術監督に就任している。

本書の取材で、最後に訪ねたのが吉田都さんです。これまでNHKの数々のドキュメンタリーに出演された際に、都さんが真剣にトウシューズを選び、丁寧に加工される姿を通して、私たちはバレエダンサーにとってのトウシューズが、時に痛みと困難を伴いながらも大切なパートナーであることを教わったように感じています。現役時代のトウシューズの思い出や選び方、そして引退後の今、感じていらっしゃる今のポワントワークについての課題点を聞きました。

試し履きをしながら「合う・合わない」を
瞬時に選り分けていた姿は印象的でした
（2005年・NHK「輝く女」より）

—— 改めて、都さんの子どもの頃からのトウシューズ歴を教えてください。

最初のトウシューズは小学生のころ、チャコットのコッペリアでした。その後、バレリーナやシルビアのシューズも履きましたが、松山バレエ学校に移ってからはフリードを履くようになりました。それ以来、イギリスに留学してから、サドラーズウェルズ・ロイヤルバレエで踊っていたころも、ずっとフリードでしたね。

—— フリードはどの職人さんのマークを履いていらしたのですか？

バレエ団時代にとくに気に入っていたのは「F」マークでした。これが最高にピッタリだったんです。本番の日に新品をおろして、足ならしも一切せず、シャンクを切るなどの加工をする必要もなく、リボンやゴムをつけただけの新品の状態で舞台に立てたほど

です。ならしていないので、本番中しっかりと足を
サポートしてくれて、安心感がありましたね。トウ
パットすら入れずに踊っていました。

——フリードは「その時々で仕上がりにムラがある」
と言う方も多いですが、そういったこともなく？

まったくありませんでした。届いたシューズを選別
する必要もなく、全部履けたのです。あれは本当に
ドリームシューズでしたね。ちょうどバレエ団で主
役を踊るようになったころでしたので、本当に快適
でした。

——そんな夢のようなトウシューズから、別のシュー
ズに変更した理由はやはり……？

「F」マークの職人さんが定年退職されたのが理由で
す。どうしよう……と頭を抱えていたのですが、バ
レエ団から元フリードの職人さんによる「イノベー
ション」というメーカーを薦められ、しっくり来た
ので履くようになりました。ただ、仕上がりにムラ
があって、シューズが届くたびに選り分けて戻さな
いといけなかったんです。10足届いたとしたら、そ
の半分以上は戻すこともあって、ストレスがかかっ
てしまって……それで別のメーカーを探すようにな
りました。

——都さんが試し履きをして「合う・合わない」と選
り分けていた映像がドキュメンタリーに残っていま
すね。どこを見て選別されていたのでしょうか？

オン・ポワントになったとき、立ちきれずに引けて
しまわないか、逆に前に乗りすぎてしまわないかは
確認していました。あとは、私はシューズの中で指
先を細かくコントロールをして踊るので、指が曲が
らずにまっすぐに履けることもポイントでした。

——別のメーカー、すぐに決まりましたか？

いえ、1年以上いろいろと履き比べました。バレエ
団がいろいろな種類を用意してくれて、ゲイナー・
ミンデンやグリシコなど、4種類くらい試しまし
たが、最終的に決めたのはブロックのセレナーデで
した。選ぶまでは本当に大変でしたね。立ってみて
よいと思っても、スタジオで踊ってみると違うし、
本番で踊るとまた違う。本番の舞台でも、最後まで

新国立劇場バレエ団『ライモンダ』に客演したときの都さん
提供：新国立劇場バレエ団　©Hidemi Seto

足をホールドしてくれるシューズかどうかが一番大
切なので、1回では判断せずに、何回か本番で踊っ
てから決めていきました。

——それは「これにする」と決めるまで、時間のかか
る作業でしたよね。

本当に大変でした。リハーサルでいいなと思っても、
本番は普段とは全然違う力がかかるので、本番では
崩れてしまうこともあり得ます。決めるまでの約1
年は、舞台のたびに毎回どうなるかが読めなくて怖
かったですね。いろいろ試した結果「これなら調整
すれば履ける」と思ったのが、ブロックのセレナー
デでした。セレナーデは、当時サラ・ラム（英国ロ
イヤルバレエ団プリンシパル）が履いていて、私と
彼女は足の形も似ていて、同じサイズでもあったの
で「試してみたら？」と薦められたのです。

——試されたトウシューズで「これは違うな」と感じたのは、どの部分だったのでしょうか?

ドゥミ・ポワントを通りにくいシューズは合わなかったです。やはり私が大事にしたいのは、ドゥミから足指の裏側を丁寧に使ってオン・ポワントに立ち上がり、シューズの中で足指を細かくコントロールしながら踊ること。ですから、勢いよく乗れてしまうシューズは選びませんでした。それから、つま先の下に消音のためのクッションが入っているトウシューズは、立つときに1mmにも満たないほどわずかに沈むのが気になりました。私が立ちたい位置より少しだけ沈んでしまうと、コントロールが難しくなってしまいます。

——セレナーデはカスタムオーダーをされていましたか?

プラットフォームの大きさを少し広げてもらって、あと履き口をUカットでお願いしていました。それから、私は左足のほうが大きいので、左だけヒールピンを入れて大きくしていただいていました。あとは引退するまで、細かく何度も調整していました。

——都さんが手でシャンクをちぎっていらした映像も印象に残っているのですが、ずっと行っていらした加工ですか?

手で切っていたのは、イノベーションを履いていたころですね。シャンクが厚紙だったんです。メーカー側から「切りましょうか?」と提案をいただいたこ

ともあったのですが、あまりにきれいに切ってしまうと足裏に当たって痛いので、手でラフに切るくらいがちょうどよかった。ブロックのシューズはシャンクが硬すぎて手では切れませんでしたので、カッターで少し傾斜をつけて切ることで、足裏のあたりが痛くないように工夫していました。

——都さんの映像を拝見して「バレエダンサーってこんなことするの!?」と驚いた方は多いと思います。消音のためにブロックのウェイトにトウシューズを叩きつけていた姿も印象的でした。

あの場面については、今でもよく人から言われます(笑)。フリードのときはそこまで叩かなくても音がしなかったのですが、イノベーションやブロックになってからは、しっかり叩いていました。

——プラットフォームはかがっていらっしゃいましたか?

私はかがりませんでした。踊るときって、その時々で軸が変わるんですよね。たとえば回転していても、常に重心がまっすぐとは限らず、いつも微調整をしながら踊っています。ですから、プラットフォームをかがることでフラットになりすぎると、軸を少しずらしたいときにシューズが反発してしまう。それが、かえってコントロールしにくくさせるように感じて、かがりませんでした。

——都さん、どのようなトウパットを入れていらっしゃいましたか?

ドリームシューズだったフリードのときは、何も入れていなかったです。周りには驚かれたのですけれども、パットをせずに履いたほうが、床を感じられてコントロールしやすかったんですよね。トウシューズを変えてからは入れるようになりましたけれど、あまりクッション性の高いものは苦手でした。立ったときに一瞬沈むのが気になってしまうので……。結局、最後のころはかなりつぶして、ぺしゃんこになったパットを入れていました。

——ほかにも調整や加工をされていたことはありますか?

加工ではないのですが、イギリスでは「サージカル・スピリット」という消毒液を使って、トウシューズ

手でシャンクを切っていらした都さん。
「シャンク、手でちぎれるの!?」と驚いた
視聴者は多かったと思います
(2005年・NHK「輝く女」より)

の表面を拭いてきれいにする習慣がありました。土足の文化なので、舞台もスタジオも床が真っ黒で汚れやすいんですね。ですから、消毒液をコットンに浸してシューズの表面やかかとを少し拭くようにしていました。

——見た目の美しさも大切ですよね。

とても大切だと思います。16歳のオーロラ姫が駆け込んできたときに、シューズが黒く汚れていたら、どうしても夢を壊してしまいますよね（笑）。私たちは夢を売る仕事をしているので、そういった細部にまで気をつけてほしいなと思います。

◇◇◇

——現在は若いダンサーを指導される機会も多いと思いますが、トウシューズでの踊り方という点で、気になることはありますか？

今はトウシューズの素材が進化して、簡単にポンと立ててしまうものもありますよね。すでに訓練を受けて、足の使い方を習得したプロのダンサーが履くならまだしも、学生のころに履いてしまうと足の強化にならないのではと危惧しています。ロシアのバレエ団のダンサーで履いている方々が多いのですが、彼女たちは長い訓練を積み重ね、非常に強いテクニックの持ち主だから履いて踊れるのです。子どものうちから履いていると、楽に立ててしまうから足指が使えず、コントロールする感覚を身につけられません。

——学生さんを指導されている中で、実際にそう感じることは多いですか？

ええ、足指でコントロールできていないので、思わぬ失敗をする学生もよく見かけます。進化したトウシューズは長持ちしますし、強度もあるので、プロにとっては便利だと思いますが、学生のうちはフリードのようなシューズを履いて訓練する必要があると感じています。足指の裏側を丁寧に使ってアップダウンし、シューズの中で指先を使って軸をコントロールすることを、学生のうちは身につけてほしいと思います。

——快適に踊れるようになった反面、意識的に足を強

英国時代の都さんは、トウシューズをウェイトに叩きつけて、音が出ないように調整していたそうです。ガンガンと叩きつける姿はドキュメンタリー映像にも残っていますが、かなり意外性がありました

化する訓練をしないといけないのかもしれませんね。

昔は素材も進化していなくて、今ほどトウシューズで楽に踊れなかったと思います。それでも、ピルエットやパ・ド・ブレなど、テクニカルなことをされていたわけで、昔のダンサーはどれほど足が強かったのだろうと驚きますよね。やはり自力でコントロールできる強さが、バレエを踊るには必要だと思うのです。

◇◇◇

——都さん、引退後もお稽古はされていると思いますが、トウシューズは……？

引退公演の『ラスト・ダンス』以降、一切履いていないです。自分でお稽古はしていますけれど、トウシューズは履いていません。時々「トウシューズでなくても、舞台で踊りませんか？」と声をかけていただくことはあるのですが、私にとってはバレエ＝トウシューズ。せっかく踊るならトウシューズで、と思ってしまうので難しいですね。

——トウシューズから離れてみて感じる、トウシューズで踊る素敵な部分はどこでしょうか？

違う世界に行けることではないでしょうか。ほんの少し、足の指の高さだけ上がっただけで、見える世界が変わる。それはダンサーが長い時間をかけ、大変な努力を積み重ねてようやくたどり着ける世界だと思います。ですから、私にとってトウシューズはバレエの象徴なのです。

——本日は素敵なお話をありがとうございました！

トウシューズ語辞典

THE DICTIONARY OF POINTE SHOES

トウシューズについてもっと知るために
参考になると感じた用語を「辞典」の形で記しました。
用語の解説だけでなく、私が思う「楽しみどころ」も添えたものです。
拙著『バレエ語辞典』から引用しながら、
本書に合うように改訂を加え、新しいワードも付け足しています。

好評発売中

『バレエ語辞典』

▼アーチ【あーち】

足裏には、親指付け根からかかとにかかる「内側縦アーチ」と、小指付け根からかかとにかかる「外側縦アーチ」、さらに親指付け根と小指付け根にかかる「横アーチ」の３つのアーチがあります。この３本のアーチで囲まれているところが、土踏まずにあたります。３本のアーチが足裏をしっかりと支えることで、ダンサーの足裏は土踏まずがトンネルの屋根状に盛り上がり、着地の衝撃を吸収するクッションの役割を果たすほか、トウシューズにも立ち上がりやすく、高いルルヴェが安定しやすくなるのです。

▼足裏【あしうら】

クラシックバレエを踊るうえで、しなやかで強い足裏はとても大切です。ダンサーは、指先と同様に足先も細やかに動かして、感情を表現します。しかも、硬いトウシューズを履いた足先で繊細な表現をする

のは至難の業！　そのためにダンサーは常に足裏の筋肉を鍛えています。普段のレッスンはもちろん、柔らかいゴムバンドやゴムボールを使って足裏をほぐし、筋肉を目覚めさせ、鍛えています。一見かなり地味なトレーニングですが、ア・テールからドゥミ・ポワントを通り、ポワントに乗り切るまでの過程がなめらかであればあるほど、テクニックの向上はもちろん表現力にもつながるのです。

▼ア・テール【あ・てーる】

フランス語で「床の上」の意味で、床に足を置いている状態のこと。と言っても、ただ立っているわけではなく、ダンサーは鍛え上げた足裏で床をつかみ、すぐに次のパに移行して踊り出せるよう準備をしています。なお、トウシューズの種類によっては、ソールがやや丸みを帯びている場合があり、ア・テールになるとグラグラすることも。グラつかないように、ソールをチーズおろし器やカッターで削って、フ

ラットになるように調整します。

▼アン・ドゥオール【あん・どぅおーる】

バレエならではの体の使い方で、英語では「ターンアウト」とも呼ばれます。ダンサーは両脚を付け根から外側へ回し、ひざもつま先も外側に向いた状態を保ったままで踊ります。それにより、さまざまな方向へ、素早く脚を動かすことができます。生まれつきの骨格によって付け根の動きやすさに差はありますが、正しい訓練を長く続けることで身につけることも可能です。また、内ももの筋肉（内転筋）を鍛えることも、アン・ドゥオールを保つためには必要です。とくにトウシューズで踊る場合、小さなプラットフォームの上でアン・ドゥオールを保つためには、内転筋の力が重要になります。さらに、ダンサーの脚を長く美しく見せるためにも、アン・ドゥオールは有効です。アラベスクを例にとるとわかりやすく、アン・ドゥオールが不足していると脚のひざは曲がって見え、軸も十分に引き上げられず、お腹が落ちて上半身も崩れてしまいます。

▼内もも／内転筋
【うちもも／ないてんきん】

太ももの内側にある筋肉（内転筋）を「内もも」と呼びます。脚をアン・ドゥオールして踊るために必要不可欠な筋肉で、この筋肉が発達すると脚の付け根から大腿骨を回しやすくなります。また、内もも同士を寄せ集めることができるので、アン・ドゥオールの状態をキープしやすくもなります。普段の生活ではあまり使わない筋肉なので意識しにくく、鍛えるには日々のトレーニングが必要です。左右の内ももを寄せ集めるトレーニングを重ねるうち、筋肉を感じやすくなります。もちろん、普段のレッスンでも常に内ももを使うことは重要。シンプルなプリエやタンデュ、ルティレのときも内ももへの意識を抜かずに脚を動かすことで、必要な筋肉がついてきます。そうしないと、すぐに先生から「内ももを使って！」と怒号が飛ぶかも。
⇒内転筋のトレーニング（P.102）

▼X脚【えっくすきゃく】

バレエダンサーの多くが憧れる脚の形を「X脚」と呼びます。一般にX脚と呼ばれるものとは異なり、アン・ドゥオールして1番に立ったとき、脚全体が反り、かかとが離れる脚のことを指します。この脚でポワントに立つと弓なりに反った脚のラインが優美で、甲もきれいに見えるとされています。この脚は解剖学的には「反張膝」と呼ばれ、ひざ関節が過伸展の状態で、反るかどうかは個人差が大きいとか。憧れるあまり、無理やりひざを押し込んで立ち続けた結果、怪我をする人も多いと聞くので、やみくもに真似をするのはとても危険です。

▼カラーポワント【からーぽわんと】

演目によっては、ピンク以外の色にトウシューズを塗って踊る役柄もあります。色とりどりのトウシューズが観られるのは、ケネス・マクミラン振付の『エリート・シンコペーションズ』。青や紫、オレンジ、黄色、鮮やかなピンクなどのタイツを身にまとったダンサーが、同じ色のトウシューズを履いて踊ります。クリストファー・ウィールドン振付の『不思議な国のアリス』でハートの女王が赤のトウシューズを履いて踊るほか、キャタピラー（イモ虫）の長い胴体に入った8人のダンサーはキラキラの飾りがついた青いトウシューズを履いています。ほかにも、フレデリック・アシュトン振付の『モノトーンズ』では緑のトウシューズ、ジョージ・バランシン振付の『ウェスタン・シンフォニー』では黒のトウシューズなどが使用されています。

渡辺恭子さん（P.108）が『ウェスタン・シンフォニー』に出演した際に履いた黒のトウシューズ。ダンサー自身で、ムラのないようにきれいに塗りつぶしているそう

▼ 甲【こう】

バレエにおいて、脚の付け根からつま先までが一直線に伸びた美しいラインは理想です。そのために、ルルヴェしたとき（オン・ポワントになったとき）に甲が出る、甲高の足がバレリーナ向きとされます。ただし、生まれつきの甲が高い・低いより、大切なのは足裏の使い方。もとが甲高であっても、足裏がきちんと使えていないとポワントしたときに美しいラインは出せません。また、甲高に見せようと、ポワントに乗ったときに無理やり押し出すことを覚えてしまうと、足裏はいつまでも鍛えられず、余計なところに負荷がかかって怪我につながる恐れがあります。正しい体の使い方をした上で、甲が出るようにトレーニングしましょう。

▼ シェネ【しぇね】

フランス語で「鎖（チェーン）」を意味する言葉。正式名称は「トゥール・シェネ」。回転のテクニックのひとつで、オン・ポワントまたはドゥミ・ポワントで1番に立ったまま、左右の脚を入れ替えながらくるくると回転して進んでいきます。その様は、まさに鎖がつながっているよう！　急速な回転なので振り回されやすく、連続して回るのは至難の業。両脚がきちんとアン・ドゥオールされていること、両脚の間隔が開いていないこと、肩の位置と腰の位置は水平を保つこと、腹筋と背筋でまっすぐ平らな上半身をキープすること、しっかりと顔をつける（ギリギリまで一点を見て、すばやく振り返る）こと……気をつけるべきポイントは山ほどあります。苦手な人向けのポイントは「ぐるぐる勢いよく回る」のではなく、「1枚の板が裏・表・裏・表……とパタパタと引っくり返るイメージで回る」こと。なお、ハロルド・ランダー振付『エチュード』では、大勢のダンサーが加速度を増しながら、トウシューズでシェネをする場面があります。

▼ 支給【しきゅう】

バレエ団によってはトウシューズの支給があります。海外のバレエ団、とくに国立や州立のバレエ団はダンサーに対して多くのトウシューズを支給できるため、自費で購入する必要がない場合もあるそう。しかし、日本のバレエ団は民間の力で運営していることが多く、1足あたり1万円近いトウシューズを支給できる数は限られているのが現実です。そのため、いくつかのバレエ団では「トウシューズ基金」「ポワント基金」を設け、ダンサーに支給する数を増やすための工夫をしています。⇒トウシューズ基金

▼ 職人【しょくにん】

トウシューズはほとんどがハンドメイドなので、作り慣れた職人の手で生み出されています。なかでも英国フリード社の職人制度は有名で、職人たちは各自のマークを持ち、ソールにマークを刻印します。AやFなどのアルファベットのこともありますが、クラウンやフィッシュ、ワイングラスなどのマークも。各自、個性のあるシューズを制作しており、フリードのトウシューズは職人の数だけ履き心地に違いがあると言えるでしょう。職人が引退するとそのマークはなくなってしまうので、買いだめするダンサーも。ちなみに、公式サイトには職人一覧があり、彼らの詳細なプロフィール（職人歴から休日の過ごし方、趣味まで）が掲載されています。

▼ シンデレラ・シューズ【しんでれら・しゅーず】

自分の足に合うトウシューズがすぐに見つかればよいのですが、そうはいかないのが悲しい現実。「安定感は最高だけれど、ドゥミが使いにくい」「回転しやすいけれど、ワイズが少し当たる」など、一長一短のことがほとんどです。でも、本当に稀に「自分の足にぴったりフィットして、どこも痛くないし、踊りやすい」という奇跡のような一足に出会うことがあります。そんな運命の一足を「シンデレラ・シューズ」と呼びます。王子様に出会うためのガラスの靴のような存在のシューズであれば、ほとんど加工も必要なく、新しいステージに自分を連れていってくれるはず。そんな一足を追い求め、ダンサーたちは時折新しいシューズにトライするのです。

▼ タンデュ【たんでゅ】

正式名称は「バットマン・タンデュ」。片脚を前・横・後ろへ伸ばし、戻す動きのことで、タンデュはフランス語で「ピンと張る」「伸ばす」をあらわす言葉です。まるで床をなめるように足裏を使いながら脚を伸ばし、同様に丁寧に足裏を使って脚を戻します。そのためには、ギリギリまでかかとが床から離れないようにし、離すときもかかとを前へと押し出しながら、少しずつ足裏を床から離すこと。ここで大切なのが足裏の筋力。つまりタンデュをおろそかにしないことが、トウシューズで踊るのに必要な足裏を鍛えるために必要になるのです。

▼ トウシューズ／ポワント 【とうしゅーず／ぽわんと】

フランス語圏では「Pointes」、英語圏では「Pointe shoes」と呼ぶことから、日本ではトウシューズだけでなく、ポワントとも呼ばれます。マリー・タリオーニらが活躍した19世紀初めにはすでにトウ（つま先）で踊られていましたが、現在のものほど強くできておらず、つま先部分を少し補強した程度のものだったようです。19世紀後半には、女性ダンサーにも回転や跳躍など、さまざまなテクニックが求められるようになり、トウシューズの強度も上がりました。初めて32回のフェッテ・アン・トゥールナンを成功させたダンサーが登場したのもこのころです。その後、より踊りやすく、より美しく脚を見せるための改良がなされていきました。現在では足のサイズのみならず、ワイズ（幅）、クラウン（高さ）、シャンク（底）の硬さ、シューズ自体の軽さなど、さまざまな点から種類を吟味することができます。さらに、つま先にクッションが入っていたり、消音効果が施されていたり、新しい素材でできたシャンクを用いたりと、トウシューズメーカーそれぞれが踊りやすくするための工夫をこらしています。

▼ トウシューズ基金 【とうしゅーずききん】

バレエダンサーがトウシューズを自費で購入する負担を軽減させるため、いくつかのバレエ団では「トウシューズ基金」「ポワント基金」を設け、寄付を募っています。2021年9月現在は、東京バレエ団や牧阿佐美バレヱ団などが行っています。

▼ ドゥミ・ポワント 【どぅみ・ぽわんと】

ドゥミとは、フランス語で「半分」の意味。完全なつま先立ち（オン・ポワント）ではなく、足指の付け根から曲げて立つことです。バレエシューズでのレッスンの際は、ドゥミ・ポワントまでしか行いません。トウシューズでレッスンをする場合も、必ずドゥミ・ポワントを通過してからポワントに立ち上がります。ア・テールに戻るときも同様です。トウシューズを履いて踊るためには足裏の強化が必要ですが、そのためにはドゥミ・ポワントをおろそかにしないこと！ ドゥミ・ポワントを通過してこそ、なめらかに足裏を使うことができ、足先の表現が豊かになるのです。

▼ パ・ド・ブレ【ぱ・ど・ぶれ】

つま先立ちで、両脚を離さないようにしながら交互に細かく動かし、進んでいく動きを指します。『ジゼル』2幕に登場するウィリ（精霊）の女王・ミルタは細かなパ・ド・ブレを繰り返し、人ならぬものの浮遊感を表現します。素早く移動しようとすると両脚がどんどん離れてしまい、脚がこんがらがることも……。脚が離れないためには内転筋をしっかり使える体が必要です。なお、パ・ド・ブレにはもうひとつあり、それは移動のために用いられるパで、片脚ずつ交互に出して進み、両脚で着地します。たとえばピルエットのときに、トンベ（軸移動する動き）のあとにパ・ド・ブレし、4番プリエに着地してから回転するなど、大きなステップやポジションの前に行う「つなぎのパ」です。

▼ バレエシューズ 【ばれえしゅーず】

バレエといえばトウシューズ、というイメージは強いですが、普段のクラスではバレエシューズでのレッスンから始まります。バレエシューズは皮や布

でできた柔らかいシューズです。トウシューズほど
ソールが厚くないのでしっかりと床を感じることが
でき、プロ・アマ問わず、バレエを踊るために必要
な足裏を鍛えるのに必要です。ソールはレザーでで
きており、土踏まずのところが開いているスプリッ
トソールと、開いていないフルソールがあります。
フルソールのほうが、足裏をしっかり使ってソール
を沿わせる必要があり、効率よく足裏を強化できま
す。スプリットソールは自然と足裏に沿うので、足
裏のアーチを美しく見せることができます。素材は
「すべて布」「前部分だけレザー」「すべてレザー」の
3種類があり、人によって足なじみのよさが異なる
ので、好みのものを選びます。

▼ 引き上げ 【ひきあげ】

バレエを踊るときは、全身を引き上げて踊ります。
と書くのは簡単ですが、この「引き上げ」にはコツ
が必要です。ダンサーたちは踊るとき、常に耳・肩・
腰・ひざ・足首のラインを一直線に整え、それを腹
筋の力で支えて踊っています。しかし、力を込めて
いるわけではなく、腹筋を使って骨盤を引き上げる
ことで、常に上方向へと伸び続けています。それは
たとえば、誰かに真上から髪の毛をつかまれ、いや
いや上半身を引っ張られているような状態。連れ去
られたくないので、下半身は地面にとどまろうと自
然とお腹に力が入ります。ダンサーにとっての「引
き上げ」はこのような状態です。回ろうが跳ぼうが、
どんなときも引き上がっているので下半身に負荷が
かからず、ダンサーはいつでも軽やかで伸びやかな
のです。なお、トウシューズで踊るときは、指の長
さ分、高いところで軸を作らないといけないので、
より引き上げが必要になります。

▼ ピルエット 【ぴるえっと】

ピルエットはもっとも代表的な回転技のひとつで
す。いくつかの種類がありますが、スタンダードな
「ピルエット・アン・ドゥオール」は、4番または5
番のプリエから、素早くルルヴェしてルティレの形
になり、外回りしてから4番または5番に着地しま
す。顔をギリギリまで正面につけ、素早く振り向く

ことで目を回さずにいられます。慣れてくると2回
転、さらに3回、4回と回れる人も。なかには5回
以上回るテクニシャンもいます。回転は、自分の体
にある「安定して回れる軸」を探す旅。自分の回転
軸がなんとなくつかめても、その軸に瞬時に乗れる
ようになるまでは時間がかかります。さらに腕の位
置、顔のつけ方、引き上げなど、すべての条件がそ
ろってようやく安定した回転となるのです。

▼ プリエ 【ぷりえ】

フランス語で「曲げた」の意味で、ひざを外に開い
て曲げる動きのこと。バーレッスンの最初にプリエ
(軽く曲げるドゥミ・プリエと、深く曲げるグラン・
プリエ)を行うことからもわかるように、プリエは
バレエを踊るうえで重要な動きです。まず、プリエ
によって股関節やひざ関節、アキレス腱をほぐすこ
とができ、脚の筋肉を温めるのに効果的です。内転
筋をしっかりと使ってひざを曲げることで、アン・
ドゥオールして踊る体を作ることができます。また、
プリエできちんと踏み込むことで体は引き上げやす
くなり、踊りに伸びやかさが出ます。さらに、プリ
エを丁寧に行うと音に合わせて踊りやすくなった
り、勢いよく跳べたり、着地の衝撃をやわらげたり
できます。トウシューズで踊る際、プリエが浅くな
りがちですが、プリエをおろそかにしてよいことは
ひとつもないのです。

▼ ルルヴェ 【るるゔぇ】

フランス語で「持ち上げられた」の意味で、つま先
立ちのこと。ア・テールから足裏を使ってかかとが
上がっていき、ドゥミ・ポワントまたはオン・ポワ
ントまで上がった状態を指します。バーレッスンの
最初から、センターレッスンの終わりまで、ダンサー
はルルヴェを繰り返しながら体の軸を整えていき、
踊りを安定させていきます。最初は足裏が使えずに
かかとが上がらず、足の甲が出にくくても、レッ
スンやエクササイズで丹念に足裏を鍛えていくうち、
きれいなルルヴェになっていきます。

今回、取材でお話を聞かせてくださった方々は約20名。

ダンサー、指導者、開発者、職人、シューフィッター、施術者など、さまざまな立場からトウシューズに関わっていらっしゃる方々ですが、どの方にも共通していたのは、お話の最中に必ず、目がキラリと光って「バレエ大好き！」という子どものようなお顔になられる瞬間があったことです。

好きだから、もっと踊り方を工夫したい、
好きだから、もっとよいものが作りたい、
好きだから、もっと鍛えて体を調整したい、
好きだから……と、たくさんの「好き」があったからこそ、トウシューズは長い年月をかけて、多くの方の創意工夫を経て、ここまでの進化を遂げてきたのだと改めて感じています。

本書を刊行するにあたり、本当にたくさんの方々にお世話になりました。

ダンサーのポーズ写真から101足のトウシューズ撮影まで、すべての写真を美しく撮り下ろしてくださったフォトグラファーの遠藤貴也さん。『バレエ語辞典』に続き、今回も素敵なデザインに仕上げてくださったデザイナーの榎本美香さん。今回もたくさんの愛らしい絵を寄せてくださった、イラストレーターの丸山裕子さん。心強い編集アシスタントとして私を支えてくださった、編集・ライターの古川晶子さん。そして、第2弾のバレエ書籍として企画を進めてくださった、誠文堂新光社の中村智樹さん。みなさま、本当にありがとうございました！

取材先の方々にも大変お世話になりました。新型コロナウイルスの影響下にもかかわらず、撮影・インタビューのお時間を作ってくださいましたこと、心よりお礼申し上げます。
そして、101足のトウシューズを集めるにあたり、商品・情報提供に協力してくださいましたトウシューズメーカーやショップの皆さまにも、この場を借りて感謝申し上げます。

企画段階から相談に乗ってくださった、バレエ講師の四家 恵先生、バレエライターの森 菜穂美さん、バレエダンサーの織山万梨子さん、バレエダンサーの西村奈恵さんもありがとうございました！みなさまとお話するなかで、たくさんのアイデアやヒントを得ることができ、本書の内容に厚みが出たと感じております。

また、この本ができるまで、あちこちを駆け回る私を支えてくれた両親や友人たち。たくさんの「いいね！」で応援してくださったTwitterのみなさま。そして、延々と仕事する私のそばで時々暴れながらも見守ってくれた愛猫・ラフィちゃんにも、改めて感謝の気持ちを捧げます。

最後に、この本を手に取ってくださった皆さまへ、たくさんの「ありがとう」を贈ります。
すべての方にとって、これからも喜びに満ちたバレエ・ライフがありますように。

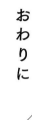

おわりに

2021年9月末日　心地よい秋風が吹き始めたころに

富永明子

@ideanimal

〈編集・著〉

富永明子
（とみながあきこ）

編集者・ライター。5歳からクラシックバレエに親しむ。大学・大学院ともに舞台芸術について学び、日本大学大学院芸術学研究科舞台芸術専攻修了。編集プロダクションを経て、株式会社リクルート『R25』『L25』編集部に所属。2010年からフリーランスとなり、クラシックバレエの書籍や記事の編集・執筆を行う。18年には自著『バレエ語辞典』（誠文堂新光社）を上梓。

Twitter @serenade_ballet

〈STUFF〉

写真　遠藤貴也（Fortram）

イラスト　丸山裕子

ヘアメイク（小野絢子さん）　鈴木麻衣子

モデル（P.131〜132）　高橋 愛

編集協力　古川晶子（ディライトフル）

装丁・デザイン　榎本美香（pink vespa design）

〈取材協力〉

アビニヨン／薄井憲二バレエ・コレクション／グラン・パ・ド・ドゥ／グランプランニング／K バレエ カンパニー／シルビア／新国立劇場バレエ団／スターダンサーズ・バレエ団／チャコット／ドゥッシュドゥッスゥ／ノヅ・カイロ・クリニック／ノルウェー国立バレエ団／兵庫県立芸術文化センター／ボンジュバレリーナ／牧阿佐美バレエ団／ミルバ／MEGUMI SHIKE BALLET ／森 菜穂美／レペット（五十音順・敬称略）

歴史から、作り方、選び方、履き方、踊り方、鍛え方まで「ポワント」を徹底分析！

トウシューズのすべて

2021 年 10 月 25 日　発　行　　　　　　　　　　　　NDC769

2022 年 7 月 1 日　第 2 刷

著　　　者　富永明子（とみながあきこ）

発　行　者　小川雄一

発　行　所　株式会社 誠文堂新光社

〒113-0033 東京都文京区本郷 3-3-11

電話 03-5800-5780

https://www.seibundo-shinkosha.net/

印刷・製本　図書印刷 株式会社

ISBN978-4-416-62107-3